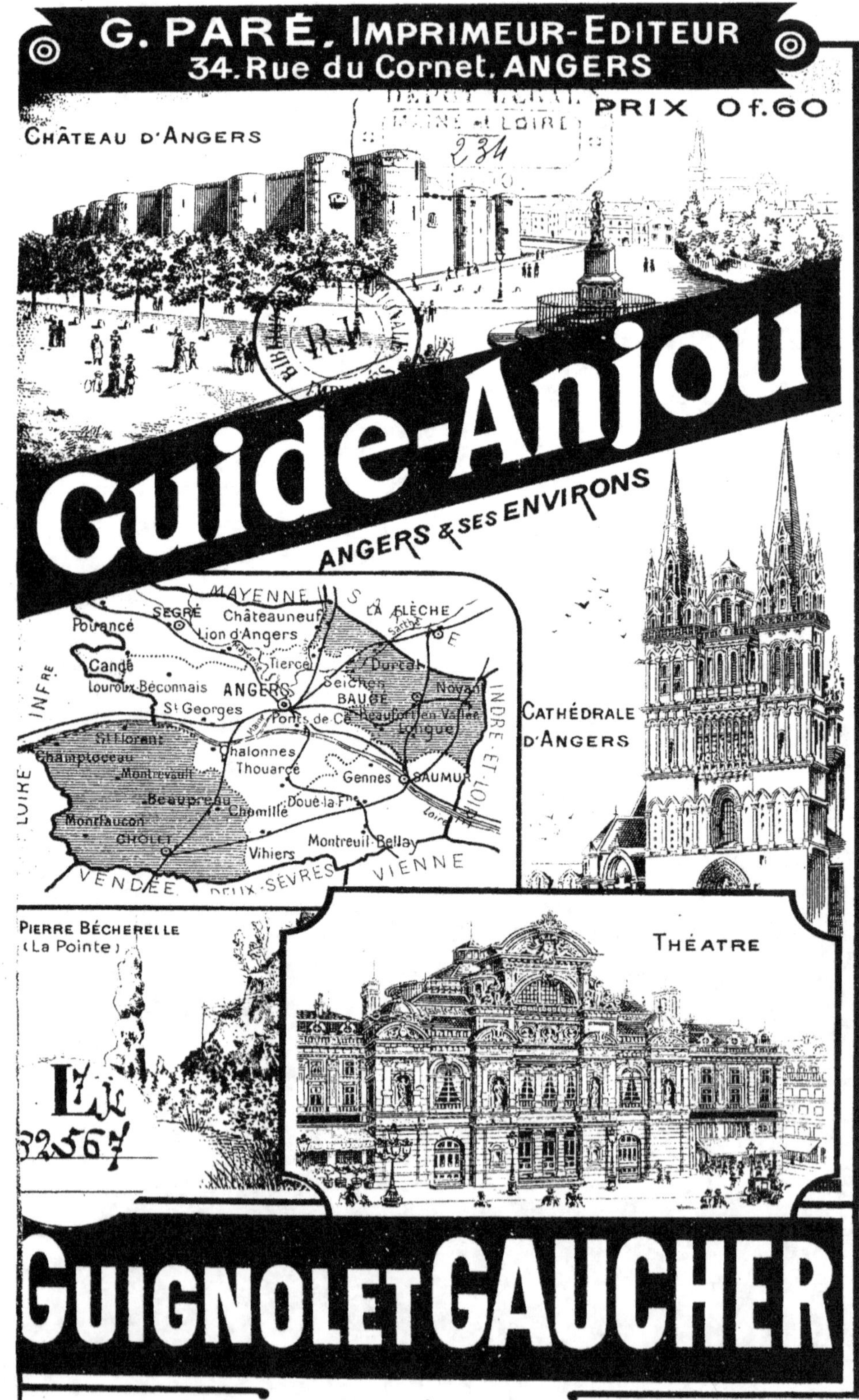

G. PARÉ, IMPRIMEUR-ÉDITEUR
34, Rue du Cornet, ANGERS
PRIX 0f.60
CHÂTEAU D'ANGERS
Guide-Anjou
ANGERS & SES ENVIRONS
CATHÉDRALE D'ANGERS
PIERRE BÉCHERELLE
(La Pointe)
THÉATRE
GUIGNOLET GAUCHER

GUIDE-ANJOU

Guide-Anjou

ANGERS

LE PASSÉ ; HOMMES ET MONUMENTS

COMMERCE, INDUSTRIE, SCIENCE, ARTS, PLAISIRS, MŒURS

LES ENVIRONS, EXCURSIONS

LE DÉPARTEMENT

LIVRES

ANGERS

GASTON PARÉ, IMPRIMEUR-ÉDITEUR

34, Rue du Cornet, 34

1900

Armoiries d'Angers

*De gueules à la clef en pal d'argent, au chef cousu
d'azur, chargé de deux fleurs de lys d'or.*

Ces armoiries, Angers les portait dès le XIVe siècle, sous
ses ducs, avec une couronne ducale au cimier. Elles ont été
modifiées partiellement, notamment au XVIe siècle et sous
l'Empire. Mais la clef d'argent en pal et les deux fleurs de
lys d'or, symbolisant la puissance royale, comme il conve-
nait à des princes du sang qu'étaient les ducs, sont toujours
restées sur les armoiries de la Ville, qui, depuis la Restauration, les porte encore telles que nous les indiquons
plus haut.

Notice Historique

Quelques-uns, voulant remonter la trace des Angevins jusqu'à la légende, paraissent tentés de croire que nous descendons des *Angions*, tribu qui aurait quitté le siège de Troie pour venir dans nos contrées. Volontiers ils croient aussi que le village d'Andes, où naquit Virgile, aurait été fondé par une colonie émigrée de notre pays, au temps de Tarquin l'Ancien.

Les Andes comptaient parmi les dix-sept peuples de la race mixte, résultant du mélange des Galls ou Gaëls et des Kymris, qui occupaient le centre de la Gaule transalpine. Gaëls et Kymris étaient eux-mêmes deux grands rameaux de la famille aryenne.

Le fait est que l'on voit pour la première fois les *Andes* apparaître dans l'Histoire pendant la conquête romaine : il est parlé d'eux dans les *Commentaires de César*.

Origine et formation. — Annexés par Crassus, lieutenant de Jules César, vers 57 av. J.-C., mais non soumis, les Andes furent des premiers à suivre le mouvement insurrectionnel qu'inaugura Vercingétorix. Leur chef Dumnacus les conduisit assiéger Poitiers, que le traître Durac gardait aux Romains. Mais de même que notre premier héros national, pris dans Alésia, était obligé de rendre les armes, de même notre premier héros angevin, cerné par deux armées romaines, dut battre en retraite vers sa cité. Encore la route fut-elle coupée aux Andes, on ne sait au juste où, entre Montreuil-Bellay et les Ponts-de-Cé (¹), où ils venaient passer la Loire. 12,000 hommes périrent dans la bataille, et si Dumnacus n'y perdit pas la vie, il ne put rentrer dans sa patrie et finit ses jours errant parmi les tribus irréductibles qui le recélaient dans leurs territoires impénétrables.

Ce fut le suprême effort de la Gaule pour reconquérir son indépendance. La cité des Andes, subjuguée, fut comprise peu après dans la province Lyonnaise et occupée par un gouverneur romain ; elle perdit jusqu'à son nom, que l'on changea pour celui de *Juliomagus*, en l'honneur du conquérant.

Elle ne perdit cependant rien de son importance, au contraire. La civilisation romaine l'agrandit et l'embellit, comme en témoignent de nombreux vestiges (aqueducs, bains, voies, remparts, camp, forum, cimetière), retrouvés dans ce qui s'appelle encore aujourd'hui la Cité, puis vers l'Esvière, en Frémur, en Saint-Laud, dans le voisinage du Mail, etc.

Ce n'est que vers la fin de l'Empire que la ville reprit son nom national d'*Andecavis*. Elle le paya de tous les malheurs de la guerre. Prise par des pirates saxons sous la conduite d'Odoacre, prise par Childéric à la tête de ses Francs, reprise par Odoacre et disputée par Childéric à qui Odoacre finit par se soumettre, elle connut les massacres, le pillage, l'incendie, toutes les horreurs d'être conquise.

Dès lors, elle fait partie du domaine des Francs, dont elle suit l'histoire, traversée de compétitions et de violences. Les *Formules* angevines qui datent de cette période, indiquent toutefois une vie locale organisée et intéressante.

Dans les luttes entre Rainfroy et Charles Martel, le principal camp des seigneurs neustriens est Angers (724). Childéric vaincu, c'était Rainfroy soumis : il y gagna d'être nommé comte de la province. Son successeur Milon, beau-frère de Charlemagne, est le père du paladin Roland, qui fut aussi comte d'Angers, si l'on en veut croire l'*Orlando furioso*, de l'Arioste.

---

(1) Deux monuments ont été élevés à la gloire des héros angevins. L'un aux Ponts-de-Cé, c'est une statue de Dumnacus placée au milieu du grand pont ; l'autre (1892) à un kilomètre de Louerre, on y lit : « A Dumnacus chef des Andes. Ici sont morts vaillamment en combattant contre les lieutenants de César les Angevins derniers défenseurs de l'indépendance gauloise (50 ans av. J.-C.). »

Mais bien plutôt qu'un comté, le gouvernement de l'An·
jou semble, à ce moment, un commandement militaire au
milieu d'un pays troublé de guerres et de désordres.

Louis le Débonnaire, allant guerroyer contre les Bretons, passe à Angers en 818. En 849, ce sont les Bretons
qui, conduits par Nominoë, s'emparent de la ville ; et
Charles le Chauve ne traite avec eux qu'en concédant le
Haut-Anjou au fils de Nominoë, Erispoë. — Après les Bretons, les Normands, ayant à leur tête le terrible Hastings.
De 853 à 882, ils saccagent deux fois Angers; Salomon,
successeur d'Erispoë, ne réussit à les mettre en fuite qu'en
les menaçant de mettre leurs barques à sec, et en simulant,
pour les intimider, de faire faire une *reculée* au cours de la
Maine.

Le Comté. — Enfin, au xe siècle, le fief est constitué,
et le comté devient héréditaire avec la dynastie *ingelgérienne*
dont le chef, Ingelger, eut pour fils Foulques Ier, le Roux,
premier comte apanagé. Ensuite se succèdent : Foulques le
Bon, Geoffroy Grisegonelle, Foulques Nerra, Geoffroy
Martel, Geoffroy le Barbu, Foulques Rechin, Foulques le
Jeune : toute une généalogie de vaillants, dont les figures,
telles qu'elles transparaissent à travers l'histoire, tiennent
autant de la légende et de l'épopée.

Ainsi ce Grisegonelle, en apprenant que Paris était assiégé
par Othon II de Germanie, avec un géant danois, Haustins,
dont c'était le jeu de défier et de tuer chaque jour en
combat singulier l'un d'entre les plus vaillants des assiégés :
il chevauche avec enthousiasme jusqu'à l'armée ennemie, se
présente au combat singulier, décapite le colosse, dont il
envoie la tête au roi de France et rentre à Angers, en dé-
daignant même de se faire connaître. — Ainsi Foulques
Nerra, vrai Barberousse angevin, dont l'existence est une
suite d'anecdotes et de hauts faits d'armes, mystérieux, quasi
romanesques, au point qu'on en ferait des contes.

La cinquième épouse — il avait répudié les quatre pre·
mières — de Foulques Réchin, Bertrade, le délaissa pour
épouser Philippe Ier, roi de France.

L'Anjou, que saint Florent avait commencé à évangéliser
dès le ive siècle et qui avait embrassé la nouvelle religion à
la parole d'ardents apôtres, se couvrit, grâce aux largesses

des comtes ingelgériens, d'églises et de monastères de tous
les ordres. — C'est sous Foulques Réchin que Robert d'Arbrissel fonda l'abbaye d'hommes et de femmes de Fontevrault, et que l'archidiacre Bérenger, prêchant sur le tertre
Saint-Laurent, soutenait que l'hostie n'est qu'un symbole.

Plantagenet. — Ensuite vient Geoffroy IV, dit Plantagenet, à cause de la branche de genêt qu'il portait d'habitude à son casque. Ce comte épousa, le 22 mai 1128, au
Mans, Mathilde, veuve de l'empereur d'Allemagne Henri V
et fille du roi d'Angleterre Henri Ier.

Une pareille alliance assurait aux fils et successeurs de
Plantagenet la couronne d'Angleterre. Ce fut le second fils,
Henri, qui la ceignit sous le nom d'Henri II ; il devint roi
d'Angleterre et resta comte d'Anjou. Angers s'éleva alors
au rang de résidence royale. Le monarque à qui l'Angleterre dut la conquête de l'Irlande fit activer la construction, commencée, des levées de la Loire et dota la ville de
nombreux édifices — parmi lesquels l'hôpital Saint-Jean —
dont la création développa en Anjou une influente école d'architecture.

Henri II eut trois fils : Richard Cœur-de-Lion (1189-
1199 ; Geoffroy, dont le fils, le doux et malheureux Arthur
de Bretagne acquérait par la mort de son oncle, des droits
à la couronne ; Jean Sans Terre qui usurpa le trône et poignarda son neveu. Leur compétition déchaîna la première
guerre entre l'Angleterre et la France dont le roi Philippe
Auguste, soutenait la cause de l'opprimé. Une partie de la
lutte se passa en Anjou, et Shakspeare, dans sa pièce *le
Roi Jean*, montre Jean Sans-Terre mettant le siège devant
Angers.

La ville connut à nouveau le pillage et l'incendie. En 1214
seulement, le roi de France parvint à en reprendre possession. Encore Henri III, successeur de Jean, conserva-t-il le
titre de comte d'Anjou jusqu'en 1259.

Les trois enceintes. — A la fin de cette guerre contre
l'Angleterre et la Bretagne devenue son alliée, Louis IX
construisit selon les uns, acheva selon les autres, le château
qui subsiste encore aujourd'hui.

Deux enceintes avaient été bâties pour protéger la ville.

La première, datant des Romains, dont on a trouvé des vestiges dans la rue Baudrière et place Sainte-Croix, aux entours de l'évêché, était percée de quatre portes et ne dépassait guère les rues Toussaint, des Lices, Saint-Aubin, et Baudrière.

La seconde fut bâtie sous les comtes ingelgériens. La partie ouest suivit à peu près le même plan, mais les remparts se prolongeaient par la chaussée Saint-Pierre jusqu'à la place Romain, pour descendre par la rue Saint-Laud et la rue de la Roë jusque vers la Maine. Néanmoins tout le quartier de l'Esvière, qui semble avoir été protégé par la première, était en dehors de la seconde construction.

Louis IX édifia une troisième enceinte (1232) ; elle se poursuivit jusqu'aux quartiers *d'outre*-Maine, avec 4000 mètres de murailles, 24 tours crénelées et 5 portes sur la rive gauche, 19 tours et 2 portes sur la rive droite.

Ainsi suffisamment protégée, la place devint un centre important de résistance et de ravitaillement.

Anjou-Sicile. — Le roi, pour être assuré d'y trouver constamment appui, investit de l'apanage son frère Charles Ier, le même qui, par la suite, se fit couronner roi de Jérusalem et conquit le royaume de Naples et de Sicile, avec l'aide de ses leudes dont beaucoup, dit-on, périrent dans le massacre des Vêpres Siciliennes (1282).

Charles Ier est le chef de la deuxième dynastie de comtes d'Anjou. Lui succèdent son fils Charles le Boiteux ; puis Charles de Valois, dont le fils, Philippe-le-Bel, devenu roi de France, érigea en faveur de son père l'Anjou en comté-pairie ; puis Philippe de Valois et Jean le Bon, qui quittent le comté pour monter sur le trône de France et le réunissent ensuite à la couronne (1328 et 1350).

Vers ce temps (1364), l'Université d'Angers, « cette ville, source incessante de science, qui produit depuis des siècles des hommes de haut conseil », l'Université, fondée deux siècles auparavant par Ulger, est reconnue et autorisée par lettres-patentes du roi Charles V.

C'est également Charles V qui, n'étant que dauphin, chargé de la lieutenance du royaume pendant la captivité de Jean le Bon, érigea la province en pairie et la concéda à son frère Louis Ier (1360), notre premier duc héréditaire.

L'Anjou venait d'être décimé par la peste noire (1348) il était traversé de hordes anglaises, commandées par Robert Canolle, que ses terroirs productifs avaient attirées et qui le pillaient au nord, à l'ouest et au midi. Il fallut que Duguesclin et Clisson, les deux célèbres connétables, dégageassent le pays après la victoire de Pontvallin.

A peine délivré de cette obsession, le nouveau duc héritait en 1380, par l'adoption de Jeanne de Naples, des droits à la royauté de Naples qui avaient épuisé la première maison d'Anjou-Sicile et qui épuisèrent également la nouvelle. Louis Iᵉʳ, Louis II et Louis III, le père, le fils et le petit-fils, s'acharnèrent à cette décevante conquête d'un trône lointain; enfin Louis III, mort sans postérité en Italie (1434) laissa à son jeune frère René, le roi René, son domaine d'Anjou et la stérile ambition de sa race.

Cependant la guerre de Cent ans faisait rage; l'ennemi infestait l'Anjou et tout l'Ouest. Des défaites et des massacres successifs ne pouvaient en expulser les Anglais. Entre tous ces combats, il convient de rappeler celui qui fut livré, le 22 mars 1421, dans la vallée du Vieil-Baugé par le sire Guérin des Fontaines au duc de Clarence. Les Anglais furent taillés en pièces et Clarence y reçut, du seigneur des Fontaines, ce mortel coup de lance qui, selon l'expression de M. Célestin Port, fit tressaillir le cœur de la France d'un espoir depuis longtemps inconnu. — Les formidables bandes anglaises revinrent pourtant guerroyer en Anjou, jusqu'au jour où, en 1443, Sommerset, qui s'était avancé jusqu'à Angers, ayant vu le meilleur de ses capitaines abattu à table d'un adroit coup de fauconneau décampa sur le champ avec son armée et délivra de ses envahissants pillards les marches angevines absolument saccagées, ruinées par la guerre, la misère et la maladie.

René d'Anjou, le duc au nom populaire, ne prit pas une part bien active à la lutte contre les Anglais. Ce n'est que lorsque le succès est venu au roi de France qu'on le voit rejoindre Charles VII à Reims et, devenant l'un des plus ardents chevaliers de Jeanne d'Arc, courir sus aux ennemis avec son brave compagnon Barbazan, conquérir la Champagne et remporter sur Toulongeon la victoire de Chappe (mai 1430).

Le roi René

Notre duc avait d'ailleurs assez à faire de s'occuper de ses propres intérêts.

Né au château d'Angers, le 16 janvier 1409, de Louis II d'Anjou et d'Yolande d'Aragon, René n'avait pas encore 12 ans lorsqu'il épousa, dans l'église de Nancy, Isabelle, fille aînée du duc de Lorraine, qui était âgée de 10 ans à peine. Devenu, à 22 ans, héritier du duché de Lorraine et du duché de Bar, il vit ses droits contestés par Antoine de Vaudemont; et, en les soutenant, s'étant laissé vaincre à Bulgnéville, il fut emprisonné à Dijon par le duc de Bourgogne. Cette captivité dura jusqu'en 1436.

Dès 1437, René, devenu duc d'Anjou par la mort de son frère, voulut, comme lui, adjoindre à ses titres celui de roi de Naples. Son expédition se termina par une nouvelle défaite (3 juin 1442), et René revint en France, où, deux ans plus tard, il maria sa fille à Henri VI de Lancastre, renouant ainsi l'Anjou à l'Angleterre par une union mal tendue qui dut, après trois siècles, ranimer dans son tombeau le rêve du vieux Geoffroy Plantagenet. — On sait l'issue malheureuse que la guerre des Deux-Roses donna à ces belles illusions.

Contredit par la destinée dans toutes les entreprises que suscitaient ses espérances de jeunesse, René se consola en son duché d'Anjou et en son comté de Provence, dans le culte et la protection des lettres et des arts. Entouré de musiciens, de poètes, de peintres, d'architectes, de gentilshommes, il écrivit et enlumina, encouragea la musique, remit en honneur les pas d'armes et les ordres de l'ancienne chevalerie, favorisa l'agriculture, fonda la célèbre verrerie d'Ast, forma la bibliothèque de Beaufort-en-Vallée, bâtit des châteaux, des chapelles et des monastères, parmi lesquels il convient de citer le couvent de la Baumette, où s'arrêta Rabelais.

Après les défaites, les deuils le frappèrent cruellement: il vit mourir ses deux fils et sa femme Isabelle de Lorraine. Sa seconde épouse, la jeune Jeanne de Laval, et sa fille Marguerite d'Anjou reposèrent dans leur précieuse affection le reste de cette existence jalonnée de désillusions. Celui que les gens de notre pays prennent encore plaisir à appeler le bon roi René, s'éteignit à Aix le 10 juillet 1480; il fut inhumé l'année suivante à Saint-Maurice d'Angers.

dans un caveau que l'archéologie a remis à jour et restauré au mois de septembre 1895.

Walter Scott, qui a dépeint le caractère du duc dans *Charles le Téméraire*, ne le montre pas courageux au combat et secourable au populaire comme l'était au naturel René d'Anjou, artiste et guerrier, bon dans la paix comme dans la guerre.

Il fut le dernier duc et seigneur résidant d'Anjou. Louis XI qui, quelques années avant sa mort, était venu jusqu'à Angers, le tourmenter de ses ambitions sournoises, réunit définitivement le duché à la couronne.

Le régime municipal. — Pour être plus sûr de le conserver, le roi le fit administrer, devant même que d'en être l'héritier, par un gouverneur qu'il nomma et qui fut le premier maire d'Angers : Guillaume de Cerizay (février 1474 — juin 1484).

La charte de commune accordée à Angers, en octroyant la noblesse aux maire, sous-maire, conseillers, échevins, etc., eut, entre autres avantages. celui de faire orner la ville : par les nobles de *clapier*, d'hôtels comme le logis Barrault et l'hôtel Pincé ; par les roturiers, de maisons ayant pignon sur rue comme la maison d'Adam et autres curieuses demeures dont un certain nombre subsistent encore de nos jours.

Voilà donc Angers passant sous le régime municipal. — « La commune, dit M. Célestin Port, s'organise ainsi au milieu du tumulte des guerres bretonnes, des exactions royales, des pestes, des misères de tout genre où s'entremêlent, comme par éclaircies, des fêtes et des solennités politiques. »

Louis XI, pélerin de Béhuard et du Puy-Notre-Dame, était venu à Angers en 1464, après l'insurrection populaire de la *Tricoterie* ; il y revint en 1473 et en 1474. Parmi les visiteurs célèbres que reçut encore la ville, il faut citer : en 1487, une ambassade conduite par l'archevêque chancelier de Hongrie ; en 1490, des orateurs et ambassadeurs du roi des Romains ; en 1498, le roi Louis XII et César Borgia ; en 1518, François Ier ; en 1548, Marie Stuart ; en 1551, Henri II ; en 1563, 1567 et 1570, Charles IX, etc,

On était en pleines guerres de religion.

Dès 1554, Denis Soreau avait été brûlé vif, aux Halles,

pour crime de protestantisme : premier martyr de la nouvelle croyance. Dès lors et jusqu'à la fin du siècle, ce ne
sont que luttes intestines et qu'émeutes et que massacres

Maison d'Adam

avec l'inquisiteur Remy Ambroys, le duc de Montpensier et
son lieutenant Puygaillard jouant de terribles rôles, et le seigneur Donadieu de Puycharic courant à toute aventure de
guerre contre le parti de la Ligue qui conspirait dans tous
les châteaux d'Anjou.

Le château d'Angers était devenu une cause perpétuelle de conflits entre catholiques et huguenots. Henri III, qui habita Angers avant de devenir roi de Pologne, voulut que le château fût démoli. Cet ordre fut même renouvelé par Henri IV, qui fit son entrée à Angers, le 7 mars 1598. Grâce au gouverneur Puycharic, il ne fut exécuté qu'en partie. Le contrat de mariage de César de Vendôme avec la fille du duc de Bretagne, que le Vert-Galant signa au château même, mit d'ailleurs fin aux guerres de religion.

Angers eut ensuite beaucoup à souffrir de famines et de pestes ; elle était à peine remise que la guerre se ralluma.

En 1619, Marie de Médicis s'établit à Angers, dont elle fait le rendez-vous de ses maltôtiers. Louis XIII disperse les partisans de la reine-mère dans la « drôlerie » des Ponts-de-Cé.

De 1648 à 1652, la ville est en pleine Fronde. Louis XIV et Mazarin s'avancent jusqu'à Saumur ; le château des Ponts-de-Cé est emporté de vive force, et le 11 février 1652, la soldatesque royale pénètre par le faubourg Bressigny, saccageant tous les quartiers, durant quinze jours de terribles tueries.

Le dernier de ces événements se raccorde à l'une des différentes modifications que subit la charte communale sous Charles VIII, Louis XIV et Louis XV.

La Vendée. — En 1789, Angers devint naturellement le chef-lieu du département formé de la plus grande partie de la province d'Anjou.

La ville, qui avait été pressurée d'impôts sous Louis XV. accueillit avec enthousiasme la nouvelle de la prise de la Bastille. La première mairie librement élue, installée le 21 février 1790, eut néanmoins à réprimer les troubles d'une populace de perreyeurs qui voyaient dans la révolution, non le principe, mais le désordre et le pillage. Les Angevins s'en faisaient une idée beaucoup plus haute, témoin l'héroïque bataillon des *pères de famille* qui se fit décîmer au pont Barré (Beaulieu), pour arrêter la marche en avant de l'insurrection vendéenne, née elle-même sur le territoire d'Anjou, au Pin-en-Mauges.

La prise de Saumur par les *brigands* affola le général Barbazan, qui leur abandonna la ville (24 juin 1793). Mais dès le 4 juillet suivant, les républicains y rentraient sans combat, et, sous la direction de Richard et de Choudieu, y organisaient la résistance. Aussi, lorsque les troupes vendéennes, refoulées de la Bretagne, se rabattirent sur Angers, toute la ville était debout, et ils furent écrasés après deux jours d'assauts (3-4 décembre 1793).

A la suite de cette victoire des fusillades et des exécutions ensanglantèrent le pays, et pendant quatre mois, la guillotine fonctionna, en permanence, sur la place du Ralliement.

Il fallut des années pour que l'ordre se rétablît dans les mœurs et dans les esprits. Nous devrions citer des noms, tout au moins ceux de Beaurepaire, La Révellière-Lépeaux, sans compter ceux des nombreux chefs de l'insurrection vendéenne : il nous est impossible de retracer cette lutte de géants qui a eu d'ailleurs ses historiographes.

De nos jours. — Le 11 août 1808, Angers reçoit la visite de Napoléon et de Joséphine, qui autorisent enfin le maire à raser les remparts inutiles, pour les transformer en boulevards.

En 1815, le général Lamarque vient prendre le commandement de la Fédération de l'Ouest, chassant de ce poste le duc de Bourbon qui le détenait au compte de la monarchie et qui dut s'enfuir en Angleterre.

Quelques mois après, hélas ! c'était l'ennemi qui entrait chez nous : 5.218 Prussiens, commandés par le général Thielmann, s'établissaient pour un mois à Angers, malgré l'indignation publique, coûtant à la ville 653.231 francs, sans compter 1.800.000 francs de contribution au rachat de la France.

Nous arrêterons enfin ce bref résumé en signalant le choléra de 1832 et celui de 1849, et la triste journée du 16 août 1850, où, au milieu de la ville en fête, le pont suspendu de la Basse-Chaîne s'écroula dans la Maine sous les pas du 11e léger, qui perdit 223 hommes dans cette effroyable et inoubliable catastrophe.

— Pour plus d'un qui lira ce résumé, il serait intéressant de placer ici l'analyse des successives phases de la vie municipale à travers lesquelles notre ville a évolué pendant les fluctuations politiques de ce siècle. Mais il y a là toute une longue succession de petits faits locaux, qui s'enchaînent et se coordonnent comme les déductions d'un système et

dont la portée n'a d'ailleurs guère dépassé le périmètre de
la commune.

Il serait également trop long d'énumérer les embellisse-
ments qui ont métamorphosé, depuis cent ans, l'aspect

Château des Ponts-de-Cé

d'Angers et de raconter comment furent entreprises les
modifications qui firent de l'ancienne ville noire, l'Athènes
de l'Ouest.

Tout en rectifiant les grandes voies qui apportent la v
à sa place centrale, en plantant ses boulevards et ses pro
menades, en rescindant ses vieilles rues, en dégageant ses
places, en bâtissant les quartiers neufs qui l'enveloppent
en reconstruisant les trois ponts qui passent dans la Doutre
tout en faisant toilette de ville moderne, Angers a su conserver de curieux vestiges de sa vie ancienne, tant de ci de
là, parmi les constructions contemporaines, que dans le
musées et les bibliothèques, où les étrangers peuvent
en admirer de riches collections.

Fragments du Passé

Une métamorphose de l'importance de celle qui, depuis le commencement de ce siècle, a renouvelé et pour mieux dire modernisé Angers, ne s'accomplit pas sans beaucoup de sacrifices et de destructions. Pour amputer les verrues, il a fallu plus d'une fois trancher dans le vif; les ruines se tiennent, un débris entraîne l'autre, on croit pouvoir percer une rue, on se voit forcé de remanier tout un quartier.

Avant la Révolution, Angers était une ville d'églises, de chapelles, d'abbayes et de cimetières. Les municipalités qui se sont succédé ont dû, forcées par les besoins de jour en jour plus pressants, donner au commerce et à l'industrie la place centrale aux larges débouchés, qui leur est devenue nécessaire.

C'est ainsi que la place du Ralliement et les rues adjacentes ont remplacé plusieurs sanctuaires : Saint-Pierre, qui marchait jadis de pair avec la cathédrale; Saint-Maurille, dont la crypte passe pour avoir été l'oratoire des premiers chrétiens d'Angers; Saint-Maimbœuf, dont la sacristie fut rasée seulement en 1868.

La Préfecture s'est installée sur l'emplacement, dans les cloîtres mêmes de l'abbaye Saint-Aubin ; le Séminaire dans ceux de Saint-Serge.

Le couvent de la Fidélité avait pris la place de l'ancien amphithéâtre de Grohan ; il a disparu, à son tour, la laissant à tout un quartier, bâti entre l'église Saint-Joseph et le boulevard.

En 1867, pour bâtir le marché couvert de la place de la

République, il fallut raser Saint-Jacques de la Petite Boucherie, qu'on appelait aussi la chapelle Fallet ; puis la boucherie des rôtisseurs ouverte sur la place de la Chèvrie,
avec le *Saumon* et le *Grand Dauphin*. Déjà, dès 1854,
l'Oisellerie, sous l'Evêché, avait commencé à voir disparaître ses curieux logis coiffés de pignons pointus d'où appen-
daient les enseignes en pendeloques qui éventaient, en

Abbaye Saint-Aubin

grinçant, les bizarres encorbellements. Un peu plus tard, la
percée de la rue Plantagenet bouleversa la rue du Grand-
Talon et celle de l'Ecorcherie avec la fontaine Godeline,
aujourd'hui oubliée.

Une autre fontaine intéressante, était celle de Frottepénil,
qui passait pour avoir alimenté les bains romains de l'Esvière
et le camp de Frémur ; elle a disparu dans le remaniement
du quartier de la route des Ponts-de-Cé.

Puis tombèrent la tour des Druides, dans la cour des
Tourelles ; l'hôtel Besnardière, un logis bien des fois admiré
qui avait été bâti en 1782, près de Saint-Serge; et la maison
Abraham, tant de fois citée par les archéologues, avec son

hallebardier qui avait gardé la porte Girard depuis 1596, jetée bas par le percement de la rue Bodinier.

Ces dernières années, les démolisseurs ont emporté les vieilles Halles, dont la charpenterie passait pour l'une des plus remarquables de France.

Ainsi peu à peu s'efface le passé, emporté, dans notre ville transformée, par une vie et une esthétique différentes de

Église Saint-Serge

l'ancienne esthétique et de la vie d'autrefois. C'est la loi commune. Cependant, on doit rendre cette justice aux Angevins qu'ils ont su conserver, protéger et même mettre sous un jour favorable certaines reliques, exposées à l'admiration de qui veut voir.

Le Château. — Place Marguerite d'Anjou, boulevard du Château et quai Ligny.

Le Capitole, demeure des gouverneurs romains, se trouvait primitivement sur l'emplacement de l'Évêché actuel, tandis que l'emplacement sur lequel a été bâti le Château appartenait aux évêques. L'échange se fit au xie siècle, entre le comte Eudes et l'évêque Dodon.

De la construction qu'établirent les ingelgériens, successeurs d'Eudes, il subsiste encore quelques vestiges ; un pan de mur, sur la crête nord du roc, avec deux arceaux en plein cintre ; et dans l'angle sud-ouest de la cour, une sorte de caveau contenant des restes de colonnes et de voûte de la première chapelle autour de laquelle, toute enfouie, pousse l'exhaussement naturel du sol.

Chapelle du Château

Louis IX transforma le logis des premiers comtes d'Anjou. Il fit ce castel imprenable. Il le construisit d'épaisses murailles d'ardoise et de pierre calcaire, flanquées de 17 tours énormes ayant plus de 40 mètres de hauteur.

Plus tard, lorsque l'apanage fit retour à la couronne, furent creusés, en pleine ardoise, les fossés, profonds de 11 mètres, larges de 30, qui l'entouraient en remontant de la Maine jusqu'au roc inabordable que couvre la tour du Nord. Ces fossés ont été comblés, face du sud, lorsque la ville a renversé ses remparts dans ses douves pour en faire des boulevards.

La chapelle a été bâtie par Yolande d'Aragon, épouse du duc Louis II et mère du roi René. En 1813, pour y enfermer deux cents matelots anglais, on la divisa dans sa hauteur par un plancher qui servit depuis de salle d'armes.

Près de la chapelle s'élevait un petit pavillon où naquit René, et qui, tombant en ruines, a dû être reconstruit il y a quelque vingt ans. Il sert d'habitation au garde du génie,

Le puits voisin est à trois repaires superposés.

Louise de Savoie, mère de François Ier, qui se plaisait au séjour d'Angers, avait fait construire un donjon entre les tours qui encadrent le portail central. Ce donjon fut abattu par le gouverneur Donadieu de Puycharic, à la fin du xvie siècle, lorsque Henri III et Henri IV ordonnèrent la démolition de l'œuvre de Louis IX.

C'est également Puycharic qui fit décapiter toutes les tours, hormis celle du Nord, restée intacte, et qui agrandit les meurtrières afin d'y pouvoir pointer ses canons. En même temps étaient rasés les bâtiments de la Chambre des Comptes, datant de l'érection du duché en apanage, et situés sur l'esplanade actuelle du Bout-du-Monde. On trouve encore trace de la ruelle qui, de là, descendait en escalier jusqu'au Port-Ligny.

Le château d'Angers a été supprimé comme poste militaire par la loi du 10 juillet 1791 ; pourtant, dès ce moment, un arsenal y était établi qui occupait 400 ouvriers, fondant par mois plus de 4 000 boulets pour le service des armées de l'Ouest. On ne manqua point non plus de l'utiliser pendant la guerre vendéenne Les tours furent affectées par la suite à l'installation d'une prison pour civils et militaires (7 avril 1806) et pour femmes (10 octobre 1810). La gendarmerie à pied y était également casernée. Enfin les fous y furent détenus avant la création de l'asile départemental d'aliénés de Sainte-Gemmes-sur-Loire, qui date de 1844.

Le château a été racheté au Département par l'Etat le 22 mai 1857, moyennant une soulte de 20.000 francs et l'engagement d'en entretenir les parties historiques.

Il sert actuellement de poudrière.

Pour visiter, s'adresser au concierge.

L'Esvière. — Place de l'Esvière, dans l'enclos du couvent des Sœurs Auxiliatrices, appelées communément les Dames Rouges.

Du prieuré de l'Esvière, où fut enterré Foulques Réchin, subsistent les ruines d'un petit oratoire, bâti en 1400, par Yolande d'Aragon, et rebâti en 1450 au chevet de l'église de l'Esvière, sur un emplacement où avait été découverte, sous un buisson, une statuette de la Vierge déposée aujourd'hui à l'église Saint-Laud.

C'est actuellement Notre-Dame-de-Sous-Terre, ou Notre-Dame-des-Anges ; la restauration a beaucoup nui aux peintures de la voûte.

Occupé autrefois par des bains romains, le lieu abonde en débris intéressants.

L'habitation d'été des évêques d'Angers, bâtie en 1850 s'élève à quelques pas, à l'Ouest.

Saint-Evroult. — Rue Saint-Evroult, dans une maison particulière, la deuxième du côté droit, en partant du Château.

Saint-Evroult était autrefois une chapelle-cure. « Une partie de la nef, dit M. Célestin Port, y subsiste avec l'abside dont la voûte paraît du xiiᵉ siècle, ainsi que la clé armoriée de l'escarboucle du Chapitre de Saint-Maurice qui en était collateur ; le reste de la nef (xviiᵉ siècle) est coupé par des planchers et sert de cuisine. »

Toussaint. — Rue Toussaint, tout près et sur la droite à venir du Château.

En 1010 fut fondée là, par un chanoine, une petite aumônerie avec hôpital et cimetière de pauvres. En 1049, Geoffroy Martel fit don du tout aux moines de la Trinité de Vendôme. Sous l'épiscopat de Renaud de Martigné, les Bénédictins abandonnèrent l'abbaye à l'ordre de Saint-Augustin qui l'occupa jusqu'à la Révolution.

Les nécessités des opérations militaires entreprises contre la Vendée insurgée transformèrent le couvent en une manutention militaire qui est toujours restée là depuis un siècle.

L'église, dont les voûtes étaient écroulées en 1810, a été cédée à la Ville par le Ministère de la Guerre en 1841. Bâtie au xiiiᵉ siècle, restaurée au xviiiᵉ, elle avait la forme d'une croix latine longue de 63 pieds, large de 31. Le dallage primitif, en carreaux émaillés, qui date du xiiiᵉ siècle, a été retrouvé en 1815. Le chœur tout entier avait été ajouté au xviiiᵉ, lors de la restauration.

Toute cette splendeur n'est plus que souvenir, mais splendide est encore la ruine. Un à un, des élégantes colonnettes sont tombés les chapiteaux ouvragés de fines sculptures. Depuis longtemps, la grande rosace qui s'éclot tristement dans la muraille ravagée, est défleurie de sa verrière, par où le jour descendait, estompé et comme plus calme, jusqu'à l'autel entouré de moines en patenôtres. Sous l'arceau ogival du portail qui s'effrite ne flotte plus cette pénombre mystérieuse qui s'épanchait de la solennité des vieilles basiliques jusqu'à leurs seuils. Aux vestiges d'ornementation le lierre s'enchevêtre effrontément; des plantes grimpantes enlacent leur tortil aux colonnettes découronnées. Quoiqu'il tombe droit du ciel, là le plein jour s'alanguit et s'attriste, et c'est — l'église ruineuse, les sculptures saccagées par le temps, les dalles à peine soulevées, les tombeaux antiques gisant à travers l'herbe folle — tout un mysticisme vague et poignant d'évocation.

Pour visiter, s'adresser au concierge du Musée des Beaux-Arts, rue du Musée.

Tour Saint-Aubin. — Rue des Lices, face au petit Mail de la Préfecture.

La célèbre abbaye Saint-Aubin, Saint-Aubin la Riche, fondée au vi^e siècle par le roi Childebert, fut concédée aux Bénédictins par Geoffroy Grisegonelle. Aux synodes provinciaux, l'abbé avait rang sur tous les autres abbés. La tombe primitive de saint Aubin, mort en 550 évêque d'Angers, fut longtemps sous le maître-autel de l'église.

Rebâtie au xiie siècle, après que le seigneur Jean de la Flèche eut, en mourant, enrichi l'abbaye du don de ses biens, cette église était, au dire de Bodin « une des plus belles et des plus grandes de cette province. Son plan avait la forme d'une croix latine; elle avait trois nefs couvertes de belles voûtes, portées par des piliers ornés de colonnes. » Il reste encore quelques pilastres, mais encastrés dans les murs des maisons voisines, l'église ayant été détruite de 1805 à 1812. A sa place s'élève aujourd'hui le petit Mail de la Préfecture. Face à son portail, la tour Saint-Aubin, demeurée debout, s'élevait auprès du logis de l'abbé, dont elle contenait les quatre grosses cloches, tandis que les cloches du monastère étaient dans le clocher de l'église.

Voilà donc quel a été tout le rôle de la tour Saint-Aubin. M. Célestin Port, cependant, lui en indique un autre. « Dans une échauguette, édifiée en 1427, dit-il, un veilleur montait le guet, aux gages des ducs. »

Lorsque des cloîtres évacués de leurs moines, la Révolution fit la Préfecture (Voyez plus loin : *Préfecture*), et que la

Tour Saint-Aubin

rue des Lices eut, en 1823, séparé la tour du reste de l'ancien enclos, la tour fut néanmoins conservée. On se contenta de décapiter les quatre tourelles qui flanquent ses angles et de remplacer sa flèche par l'un des premiers toits d'ardoises qui aient été construits. En 1837, on couronna son chapiteau du signal en bois au moyen duquel ont été opérées les observations trigonométriques pour le nouveau plan de la ville, et qui servit à nouveau, en 1838, aux officiers chargés de dresser la carte d'état-major. — La tour avait également servi, il y a deux siècles, aux observations de Cassini.

Dominant de sa masse imposante la quantité de maisons modernes qui s'étagent à l'entour, vieux clocher qui donnait autrefois les répons aux vieux clochers, voisins, de la cathédrale, c'est encore un curieux monument que cette grosse tour, aujourd'hui muette à jamais, et où l'industrie contemporaine, qui ne perd jamais ses droits. a installé, sans souci de la poësie, une fabrique de plombs de chasse.

L'étage inférieur date du XII° siècle, les étages supérieurs du XIV°. La hauteur totale de la tour Saint-Aubin est de 32 mètres. Le monument appartient à la Ville depuis 1866. L'administration a dû, dernièrment, faire installer des échafaudages pour empêcher les moellons qui se détachaient du faîte, d'écraser les passants.

La tour Saint-Aubin est louée, moyennant 2.600 francs par an, à Mme Laumonnier-Carriol ; la Ville en retire, de plus, 640 francs par an pour deux pavillons y attenant.

Saint-Martin. — A l'entrepôt des tabacs, 17, rue Saint-Martin, dans la cour.

Quatre arcades plein-cintre, largement ouvertes, supportent une massive tour carrée, posant sur quatre prodigieuses colonnes. de 3 mètres de circonférence, enchâssées dans la profondeur des angles, sur les chapiteaux desquels s'élèvent, à côté d'autres arceaux, quatre autres colonnes supportant un dôme plein-cintre et sans nervure. C'est tout ce qui reste de l'église collégiale.

« L'absence de toute ardoise dans ces murs fait penser que cette richesse de nos pays, n'était pas encore exploitée. C'est le dernier monument de l'Anjou où l'on remarque des briques, le premier où l'on remarque un dôme », dit, dans un vieux *Guide* d'« Angers ancien et moderne », M. E. L., qui fait remonter la base de cette construction à l'impératrice Hermengarde, épouse de Louis le Débonnaire. — M. Célestin Port écrit de son côté : « Elle tombait ruineuse et abandonnée à un moine, quand en 1020, le comte Foulques et la comtesse Hildegarde la transformèrent en une magnifique église et y établirent un chapitre de 13 chanoines. C'est à cette date certaine que se reportent, suivant nous, les plus anciennes constructions. La tour carrée et le chœur, dont les angles cachent des vases sonores de terre grise, de forme ovoïde (30 centimètres de longueur sur 35 à 40 de largeur), sont postérieurs au moins d'un siècle. »

Ces vases étaient ainsi posés, croit-on, pour favoriser l'acoustique, selon un procédé que les théâtres de Grèce et d'Italie, avaient fréquemment appliqué, d'après Pène et Vitruve.

La voûte de la nef s'est écroulée le 28 mars 1828 ; le clocher a dû être rasé en 1829. En 1844, il fut question d'y transporter la paroisse Saint-Joseph ; en 1847, une souscription s'organisa pour racheter l'immeuble dans le but de le restituer au culte. En 1866, les Pères de l'Adoration tentèrent de nouveaux efforts dans le même sens.

La ruine sert d'entrepôt à l'administration des tabacs.

Pour visiter, s'adresser au concierge.

Tour de Villebon. — Rue Baudrière, en face de l'ancien Palais des Marchands devenu le magasin portant également le titre de *Palais des Marchands.*

On y lit en grosses capitales :

Cette tour nommée de Villebon, est un reste de l'ancienne fortification de la Cité. Située à mi-distance de la porte Angevine et de la porte de Fer, elle fut surajoutée à l'enceinte vers le commencement du IXe siècle. — Elle était dissimulée derrière des maisons qui s'y appuyaient, lorsque le redressement de la rue Baudrière, en 1891, la mit à jour.

Par les soins de l'édilité, a été dégagée et restaurée comme monument intéressant l'histoire du Vieil-Angers.

A sa base, une fontaine a été érigée pour le service public.

Délibérations du Conseil municipal, 14 décembre 1891 et 21 avril 1893.

Fontaine Pied-Boulet. — Rue Baudrière, un peu plus bas, côté gauche, à la pointe de la montée Saint-Maurice.

Une légende recueillie par l'annaliste Bourdigné, attribue ce nom à une chute de cheval qu'aurait faite là Foulques Nerra, et dans laquelle la monture du célèbre comte se meurtrit le *boulet*.

D'autres, et parmi eux M. Célestin Port, admettent que la Fontaine Pied-Boulet est « un ancien puits qui a conservé le nom du tenancier de la maison, dépendance du Chapitre de Saint-Maurice. » Le duc d'Anjou indemnisa le tenancier, abattit sa maison et édifia une fontaine en 1416. Des restaurations ont eu lieu en 1476, 1536, 1540 (Jean de Lépine, architecte ; il ordonna « en hauz quelque chose de triomphant et *honnieste*, sçavoir est un homme nu de cuyvre, en forme antique » ; n'est-ce pas à se rappeler le mann ken pis ?), 1620, 1677, 1732, 1769, 1784, 1819, 1844-46, 1891.

La source, on s'en rendit compte à un moment, descendait d'une maison en haut de la rue Baudrière, et coulait par un canal auquel s'embranchaient d'autres conduits pris sur d'autres sources, jusqu'au grand bassin de pierre. Ensuite une machine hydraulique y fut installée.

Depuis 1620, elle est telle que nous la voyons, et que la dépeint Péan de la Tuillerie : « en manière d'éminence ou de voûte sphérique ou bien en forme de coupe renversée, qui sert de base à un piédestal composé de son dé et de sa corniche soutenant une petite pyramide quadrangulaire. »

Ainsi que plusieurs anciennes fontaines subsistant encore, mais sans caractères particuliers, la fontaine Pied-Boulet reste alimentée par des sources.

Cour d'appel. — Place des Halles, tout en haut.

Le Conseil de Ville, qui depuis une cinquantaine d'années se tenait à la Godeline (actuellement pension Chevrollier, rue Plantagenet), vint occuper, en 1529, la partie antique de ce bâtiment. La terrasse, du côté de l'ouest, descendait par un escalier à un jardin, le Jardin de l'Hôtel-de-Ville, qui, au xviie et au xviiie siècles, fut un peu le Palais-Royal d'Angers.

Lorsque la mairie se transporta, en 1819, sur l'emplacement de l'ancien Collège d'Anjou, la Cour d'Appel s'installa dans la salle des délibérations. L'aile qui avait servi de

logement au maire depuis 1684, fut aménagée pour recevoir
le parquet. La terrasse et le jardin furent supprimés, partie
par la rue Botanique, partie par la salle de la Cour d'assis-
ses, ajoutée en 1837. Le péristyle qui s'ouvre sur la place
des Halles date de 1840. La tourelle nord n'a pas été
touchée.

L'ancienne mairie sert aujourd'hui de lieu de réunion pour
la Société des études scientifiques, de Musée d'anthropolo-
gie et de Bourse du Travail, etc.

En face de la Cour d'appel se trouvent les vieux bâtiments
à façade en attique, du Tribunal, rebâti par Pierre Poyet
où se tinrent les audiences civiles et correctionnelles jusqu'en
1872.

Saint-Samson. — Dans le Jardin des Plantes.

C'était l'église d'une paroisse rurale, que l'abbaye Saint-
Serge, voisine, reçut de l'évêque Hubert de Vendôme. Un
cimetière gisait à côté. L'église, rebâtie au xve siècle, fut
restaurée en entier au xviiie. Ensevelie sous le lierre,
reléguée derrière la serre, pleine d'outils de jardinage, on
dirait aujourd'hui une grange, n'était son portail roman
qui lui laisse un reste de cachet.

La Ville acquit nationalement l'église et le cimetière, le
19 avril 1791, pour l'agrandissement du Jardin Botanique.

Le Ronceray. — Près de la Trinité, annexé à l'École
des Arts-et-Métiers.

Là exista, tout d'abord, un couvent de filles nobles fondé
par Foulques le Bon. Dans la basilique qui en dépendait
une tradition place une rencontre de saint Aubin, saint
Melaine, saint Marc et saint Victor. Cette basilique fut
réédifiée par Foulques Nerra; la dédicace eut lieu le
14 juillet 1028; le pape Calixte II la consacra à nouveau
en 1119.

Le Ronceray était occupé par des religieuses bénédictines
l'ordre n'y recevait que des filles d'ancienne noblesse.

La crypte, où Foulques Nerra avait recueilli l'autel de la
basilique primitive, fut retrouvé en 1527, après quatre
siècles d'oubli, au milieu des ronces, avec une petite vierge
de bronze, dont la découverte fut tenue pour miraculeuse.
D'où le nom de Ronceray. Le pied de ronces, qui avait lui
aussi le pouvoir d'accomplir des miracles, fut entretenu jus-

qu'à la fin du XVIII⁰ siècle. Retrouvée à nouveau en 1857, la crypte a été à nouveau restaurée.

Quant à l'église, toute délabrée, elle offre encore au visiteur un fort bel aspect architectonique. Les voûtes plein-

Abbaye du Ronçeray

cintre sont séparées par des arcs-doubleaux portant sur des colonnes aux chapiteaux bizarrement historiés. Le public n'avait droit à occuper que trois travées seulement sur treize, dont se composait la nef principale, le reste était réservé aux religieuses.

Dans la ruine est installée la chapelle de l'École d'Arts-et-Métiers.

Les Pénitentes. — Boulevard Descazeaux, tout en haut, à gauche en montant.

C'est ici la Maison de la Voûte qui, en temps de guerre, servait de refuge aux moines de Saint-Nicolas. Des lettres patentes de 1642 autorisèrent un établissement destiné au

Communauté des Pénitentes

refuge des femmes et filles dissipées, qui y fut installé : les Pénitentes.

Au XVIIe siècle, la maison fut occupée par le célèbre sculpteur Biardeau.

La Maison de la Voûte se compose de deux logis : celui de droite date du XVe siècle ; l'autre, relié par une grosse tourelle en poivrière avec de bizarres créneaux, est postérieur d'un siècle. — A l'intérieur, se voit une belle cheminée du XVIe siècle, tout embadigeonnée, offrant une curieuse tête hisurte au centre de son manteau, et quatre médaillons dans sa frise.

Après la Révolution, l'ancienne communauté des Pénitentes devint une maison de justice et d'arrêt pour femmes. Elle est aujourd'hui le siège de la Justice de Paix du canton nord-ouest et d'un cours municipal de dessin annexé à l'École régionale des Beaux-Arts.

Saint-Laurent. — Derrière le Musée Saint-Jean, derrière les greniers Saint-Jean, est un quartier étrange où s'entortillent des ruelles en escalier et des raidillons bordés de maisonnettes dévastées. A mi-côte, et dans un coin désert, s'effrite la ruine d'une très vieille tour d'église, dernier vestige de ce qui s'appela Saint-Laurent.

Ce fut une église sans paroisse, « dont l'origine comme les destinées, dit M. Port, restent un des plus curieux pro-

Tertre Saint-Laurent

blèmes à étudier des antiquités angevines. » Les malades du « feu sec » y venaient en pélerinage le 10 août, jour de la Saint-Laurent. Elle formait une croix latine, longue de 51 mètres sur 30 mètres de largeur au transept et 13 mètres à la nef. Une tour ronde, placée à gauche du chœur, contenait l'escalier du clocher. La charpente fut enlevée dès 1779 ; il y avait longtemps que l'édifice était abandonné, et la nef était tombée dès le XVIIe siècle.

L'opinion populaire voit dans l'église Saint-Laurent, le plus vieux monument d'Angers. C'est à peine si ce qui en subsiste mérite un coup d'œil.

La Ville en a fait un magasin où sont relégués les vieux décors et les vieux accessoires du théâtre.

Tour des Anglais. — Au bout du pont de la Haute-Chaîne, à l'entrée de Reculée.

C'est par erreur que l'on a conservé le nom de la tour Guillou à cette poivrière sans élégance. La tour Guillou faisait partie d'un fortin qui défendait la Basse-Chaîne et qui fut détruit en 1832.

Pourquoi nomme-t-on encore cette tour la *tour des Anglais ?* nous ne saurions le dire.

C'était apparemment là l'une des tours qui, d'un boulevard élevé en 1448, par le sénéchal Louis de Beauveau, commandaient la Maine, près de l'endroit où d'énormes chaînes barraient le passage de la rivière à l'entrée des bateaux qui auraient pu être tentés de s'introduire par cette voie au cœur de la place.

Au siège d'Angers par les Vendéens (décembre 1793), alors que les prairies Saint-Serge s'étendaient jusqu'à la levée Besnardière, une pièce de 36 fut, de la tour des Anglais, braquée sur la flèche de Saint-Serge, en face, où les assiégeants avaient hissé une pièce de 4, et abîma la façade de l'église ... et les insurgés.

Non loin de là, s'élevait encore au siècle dernier, le château du *Roi des Gardons*, bâti par René d'Anjou et où il réunissait des confréries de pêcheurs, notamment à la Saint-Pierre et à la Saint-Jean, dans des fêtes populaires qui se terminaient par l'embrasement d'énormes feux de joie appelés *charibaudes*.

La tour Guillou est louée 10 francs par an à M. G. de Mieulles.

Pour la cathédrale, Saint-Serge, la Trinité, Saint-Jacques, voir aux *Cultes* ; — Hôpital Saint-Jean, Logis Barrault, Hôtel Pincé, aux *Beaux Arts*.

Maisons remarquables. — En 1868, M. Célestin Port signalait plus de 180 maisons datées, dont une trentaine antérieures au xviie siècles, cinq avec inscriptions latines, neuf avec inscriptions françaises. Quoique, depuis lors, la voirie en ait abattu le plus grand nombre, il en reste encore de bien intéressantes pour le chercheur.

Ancienne rue Beaurepaire

La rue la mieux fournie sous ce rapport, est certainement celle du Port-Ligny qui se trouve au pied du Château. Le côté qui s'appuie au coteau est resté tel qu'il y a deux siècles, alors que la Maine, à la moindre crue, entrait indiscrètement chez ses riverains. On rencontre là des maisons datées du xvie et du xviie siècles avec de remarquables particularités.

La cité, Reculée, le faubourg Saint-Michel, la rue Saint-Laud, la rue Baudrière, la rue des Poëliers, la place du Pilori, le quai du Roi de Pologne, le bas de la rue Saint-Julien, conservent encore quelques pignons, quelques caissons sculptés. La Doutre, aux abords de la Trinité et le long de la rue Lionnaise, est également riche en vieilleries. Signalons plus particulièrement l'hôtel Lancreau, rue du faubourg Saint-Michel, l'antique pharmacie de Simon Poisson, devant la Trinité, et, la plus belle de toutes, la Maison d'Adam, place Sainte-Croix, du nom de l'ancien consul Michel Adam. Un autre vieux logis, bien conservé, place du Pilori, au coin de la rue Saint-Etienne, qui appartenait à la ville, a été démoli en 1899.

Nous ne saurions les citer toutes. Les richesses d'art et d'archéologie, les particularités attirantes pour le chercheur sont si nombreuses que l'on en découvre à chaque instant d'inattendues, pour peu qu'on lève les yeux au-dessus des banalités de la rue, vers ce passé, d'une si jolie expression d'art, dont tous les âges ont laissé des fragments à tous les quartiers de la cité angevine.

Angers-Moderne

Angérs, qui ne comptait en 1836 que 35,901 habitants dont 29,066 seulement en ville, est porté au recensement quinquennal de 1896 pour 77,164 habitants, soit plus du double, avec une augmentation de 4,120 habitants depuis 1886. Voici comment se décompose ce chiffre de 77,164 : 75,529 de population agglomérée, 1,635 de population éparse ; ou 71,119 de population résidante et 6,045 habitants de passage (soldats, élèves de pensions, voyageurs, etc.).

En l'année 1898, il a été déclaré : 1,511 naissances, 799 garçons et 712 filles ; 1,869 décès, 923 du sexe masculin et 946 du sexe féminin ; enfin 652 mariages. Pour compléter ces renseignements, ajoutons que les divorces ont été au nombre de 25 et les accouchements doubles au nombre de 20.

Enfin, en l'année 1896, 18,993 électeurs ont été appelés à élire les 36 conseillers municipaux, ayant à leur tête un maire et quatre adjoints, qui représentent les huit circonscriptions en lesquelles est sectionnée la commune.

Le chef-lieu du département de Maine-et-Loire est situé sur les deux rives de la Maine, à peu près à égale distance entre l'endroit où cette rivière se forme de la Mayenne, du Loir et de la Sarthe jusqu'à celui où elle s'embouche dans la Loire.

Gares. — On aborde ou l'on quitte Angers le plus communément et le plus commodément par la gare Saint-Laud.

Pour s'en faire une idée, il suffit de savoir que le nombre des billets partants, pour l'Orléans seulement, y a été de 397,002 en 1898, et celui des billets arrivants de 424,632.

L'inauguration de la gare Saint-Laud a eu lieu en 1849 ; elle a depuis lors plus que doublé d'importance, puisque toute l'aile droite des bâtiments a été construite en 1891. L'aile droite est réservée au départ ; l'arrivée, ou plutôt la sortie des voyageurs s'effectue par la partie gauche du bâtiment central. — La *Consigne* se trouve dans la gare de départ, tout au fond, à droite, derrière les guichets de voyageurs.

Aboutissent à la gare Saint-Laud les lignes de Paris par Tours et-Orléans ; de Paris par le Mans et Chartres ; de la Bretagne par Nantes ; de la Vendée et du Midi par Cholet et la Possonnière ; de Paris-Etat, du Centre et du Poitou par Montreuil-Bellay.

Dans la cour a été installée, en 1896, la petite gare des chemins de fer de l'Anjou, dont la ligne d'intérêt local traverse l'arrondissement de Baugé jusqu'à Noyant.

La gare Saint-Serge (1884) sert de débarcadère aux lignes de la compagnie de l'Ouest : Paris par le Mans et Chartres ; la Bretagne par Nantes et Segré, Laval et Segré ; enfin la ligne qui va au Mans par la Flèche.

La Maître-Ecole, située dans un quartier fort éloigné, était d'abord la gare des chemins de fer de l'Etat. Depuis le prolongement des lignes jusqu'à Angers Saint-Laud, ce n'est plus qu'une station sans importance où 999 voyageurs sur 1,000 passent sans s'arrêter, et où l'on a toutes les peines du monde à rencontrer un fiacre.

Le bureau central des chemins de fer de l'Etat, Orléans et Ouest se trouve 31, quai National : enregistrement des articles à grande et à petite vitesse aux mêmes conditions qu'à la gare.

Bateaux. — Il existait naguère un bateau à vapeur qui faisait le trajet entre Angers et Nantes : le ponton se tenait quai Ligny. Depuis quelques années, ce service a été supprimé, et l'on ne peut faire le voyage par voie d'eau que d'Angers à Châteaugontier. Les départs ont lieu tous les jours en été et tous les deux jours en hiver. Bureaux : quai Gambetta.

Voir plus loin : *Excursions*.

Quoique, comme sa grande sœur la marine marchande, la batellerie fluviale ait considérablement baissé, un certain nombre de bateaux importent ou emportent une assez grande quantité de marchandises, dont on peut voir en tout temps les quais encombrés.

Tramways. — Des tramways électriques ont été établis à Angers, en 1896, par la compagnie Faye et Grammont, de Lyon.

Une ligne part de la place du Ralliement, monte la rue d'Alsace, suit le boulevard de Saumur, la rue Paul-Bert, et de la place André-Leroy (jadis Rond-Point des Magnolias) se dirige sur les Ponts de-Cé et Erigné.

Une deuxième, même itinéraire jusqu'au Rond Point d'où elle file, par les Justices, vers la Pyramide et Trélazé.

Pour le prix des places, chacune de ces deux lignes est divisée en cinq tronçons : il est perçu 10 centimes pour tout ou partie du premier tronçon employé par le voyageur ; et 5 centimes pour chacun des suivants. Un receveur perçoit les sommes et distribue des tickets sur les parcours.

Le service des départs et arrivées est fixé selon les heures de la journée et selon les saisons (consulter le GUIDE BIJOU, 15 centimes).

Il existe cinq autres lignes urbaines :

1º De la gare Saint-Laud à la gare Saint-Serge par la rue de la Gare, place de la Visitation, rues Talot, des Lices, Voltaire, Chaussée-Saint-Pierre, place du Ralliement (arrêt), rue Lenepveu, place du Pilori, rue Saint-Etienne place des Halles, rue Botanique, boulevard Carnot, boulevard Ayrault.

2º De la gare Saint-Laud à la gare Saint Serge par la rue de la Préfecture, boulevards des Lices, de Saumur, de la Mairie, Carnot, boulevard Ayrault.

3º De la caserne du Génie à la gare St-Serge et place Ney, par la gare St-Laud, et la place du Ralliement.

3º De la gare Saint-Laud à la route de Paris, par le même itinéraire jusqu'à la grille du Jardin des Plantes, d'où la ligne diverge vers le faubourg Saint-Michel jusqu'à la route de Paris.

4º De la place du Ralliement à la Madeleine, par la rue

d'Alsace, boulevard de Saumur, rue Bressigny, rue de la Madeleine. A la station, passe la ligne qui va à la Pyramide et Trélazé.

5° De la place du Ralliement à la place Lionnaise, par la rue Chaussée-Saint-Pierre, rue Plantagenet, quai National, pont du Centre, rue Beaurepaire, boulevard Descazeaux, boulevard de Laval, place Lionnaise.

Les départs ont lieu environ tous les quarts d'heure. Prix des places : 0,10 centimes ; les enfants paient demi-place jusqu'à 5 ans. Lorsque deux lignes doivent être empruntées successivement, demander la correspondance. On prend des voyageurs sur tout le parcours.

D'autres lignes sont actuellement en construction ou en projet, pour aller notamment rue Saint-Jacques jusqu'au Pont-Brionneau, etc.

Voitures. — Il existe à Angers depuis une vingtaine d'années un grand nombre de voitures de place ; on en trouve aux gares Saint-Serge et Saint-Laud à toutes les arrivées. Des stations de voitures sont en outre établies : place de la Visitation ; boulevard de Saumur entre les embranchements des rues Saint-Joseph et Bressigny, et près de la Mairie sur la place du Ralliement ; enfin quai National.

L'heure, en dedans des limites de la commune : le jour, 1 fr. 50 ; la nuit, 2 fr. ; le 1/4 d'heure commencé, 0,40 centimes le jour et 0,50 la nuit. — La course, en dedans des poteaux indicateurs des limites de l'octroi : le jour, 0,75 c. ; la nuit, 1 fr. 50 ; au-delà des poteaux, 1 fr. 25 le jour, et 1 fr. 75 la nuit. — Le service de jour, de 6 h. du matin à 10 h. du soir ; le service de nuit, de 10 h. du soir à 6 h. du matin, mais dans ce cas on fera bien de prévenir un cocher.

On trouve également, à la gare d'arrivée, et un peu partout en ville, des commissionnaires. Pour le règlement de leurs services, débattre les prix d'avance.

Rues et quartiers. — On se fait facilement l'idée de l'animation qu'entretient en ville la circulation de tous ces véhicules. Tous les jours, de 11 heures à midi et de 6 à 7 heures, à la sortie et à la rentrée des ateliers et des magasins, les rues sont égayées du va-et-vient des employés et ouvriers qui forment les deux tiers de la population. Le dimanche et les jours de fête, tout Angers est dehors dès 10 heures du matin, et il suffit d'un prétexte pour attirer la foule : on s'étouffe au Mail, les soirs où il y a musique.

Le centre, compris, sur la rive gauche, entre les quais et un demi-cercle de boulevards, est le quartier préféré par le commerce et le public. La place du Ralliement, les grandes voies qui y aboutissent ou l'entourent, ont l'aspect architectural et commercial d'une grande ville. — Autour de la cathédrale et du château, la Cité a conservé, dans son ensemble

La Baumette

un peu suranné et pittoresque, le réseau enchevêtré de ses ruelles noires et tristes bordées de maisons canoniales et de logis discrets.

En dehors des boulevards, qui ont 3 k. 800 de tour, sont, en commençant à l'amont de la rivière : le quartier de la Chalouère, avec plus loin les Fours-à-Chaux ; le faubourg Saint-Michel que prolonge la route de Paris ; le quartier du Mail, derrière lequel Saint-Léonard et les Plaines ; le faubourg Bressigny qui conduit à la Madeleine et aux Justices ; puis Saint-Laud et Frémur ; le quartier de l'Esvière s'inclinant jusqu'au quai du Roi-de-Pologne, avec, en s'éloignant, la Baumette. — La partie de la ville située sur la rive droite s'appelle la Doutre ; de ce côté on quitte Angers, à gauche, par le faubourg Saint-Jacques et la route de Nantes, à droite par le faubourg Saint-Lazare, d'où la route continue vers Segré et vers la Mayenne. Enfin, sur cette même rive, nous avons Reculée, en face des Fours-à-Chaux.

Le nom de ce quartier lui est resté, croit-on, comme un souvenir du siège d'Angers par les Normands en 873, ainsi que nous l'indiquons dans notre notice historique.

La Chalouère tire son nom d'un ruisselet qui la traverse.

L'Esvière ou Lévière était jadis un prieuré dont les jardins, ayant vue sur la Maine, furent la promenade favorite « des personnes d'honneur de la ville ». — « Tous les ans, dit M. Célestin Port, le jour de la Trinité, toutes les nouvelles mariées de l'année, pendant que leurs maris tiraient la quintaine sur l'eau, venaient offrir au prieur ou à son sénéchal un chapeau de fleurs, un bouquet avec baiser et une chanson devant l'église de Lévière. Un dicton disait *Matines de Lévières aussitôt sonnées, aussitôt dites.* »

A Frémur campèrent des armées ; aux Justices s'exerçait la justice patibulaire de la ville, etc.

Les deux rives sont reliées ensemble par trois ponts : celui de la Haute-Chaîne, livré aux piétons le 31 mai 1839 ; le pont du Centre, ayant existé dès les premiers âges de la cité, restauré complètement en 1846 ; le pont de la Basse-Chaîne, ouvert à la circulation le 16 avril 1856, six ans jour pour jour après l'épouvantable désastre qui avait marqué la chute dans la Maine, sous les pas du 11e léger, du pont suspendu qu'il remplaçait.

Les quais, entrepris dès le XIVe siècle, mis en état depuis 1842, ne sont pas encore terminés le long de la cale du Roi-de-Pologne, — au bout de laquelle un projet pris en considération depuis des années fait aboutir un boulevard devant partir de la gare Saint-Laud.

La ville est éclairée au gaz par la Compagnie Lyonnaise depuis le 1er juillet 1858 (convention du 17 avril 1858) ; la convention expirera le 1er juillet 1908. — L'éclairage municipal nécessite actuellement une dépense annuelle d'environ 150,000 francs. — Usine à la Chalouère.

Un vote du Conseil municipal a adopté, le 12 avril 1854, l'ensemble des plans de l'ingénieur Dupuit pour la distribution des eaux de Loire. L'usine élévatoire se trouve aux Ponts-de-Cé, près de celle des tramways électriques, et est pourvue de 3 machines élevant respectivement chacune 300, 200 et 100 mètres cubes d'eau à l'heure ; prochainement, 2 autres machines élevant chacune 200 mètres cubes d'eau à l'heure, seront adjointes à cette batterie de pompes devenue insuffisante. Il faut à la ville d'Angers une moyenne de 12 à 15.000 mètres cubes d'eau par jour, non prévus les cas d'incendie. L'eau est accumulée dans deux réservoirs : celui de la Madeleine, qui contient 600 mètres cubes et qui dessert la partie haute de la ville ; celui du Jardin du Mail, qui contient 2,400 mètres cubes d'eau et qui dessert la partie basse. La Doutre est desservie par les deux. — Les concessions d'eau aux particuliers ont rapporté, en 1896, la somme totale de 142,666 fr., contre 53,886 fr. seulement de dépenses. Un réseau d'égouts est également commencé, mais il reste encore fort incomplet.

Pendant que se poursuivaient ces améliorations, les rues noires du vieil Angers commençaient de disparaître une à une, cédant le pas — on pourrait dire le pas public ! — à des percées plus larges, en rapport avec nos goûts et nos besoins : la rue d'Alsace, la rue Lenepveu, la rue Voltaire, la rue Plantagenet, la rue du Mail, la rue Paul-Bert, la rue Volney, la rue Thiers. la rue Bodinier, etc. Après la rue Saint-Aubin, la rue Saint-Julien, élargies et redressées, la rue Baudrière et la rue Saint-Laud se renouvellent et s'embellissent.

Les vieux noms sont remplacés également. Il est regrettable que, ayant un si brillant répertoire de célébrités locales à mettre en lumière, l'édilité a cru devoir puiser dans le classique banal et insignifiant. Les plaques indicatrices devraient être des « bons points » réservés à nos célébrités provinciales. La foule serait à bon droit fière de voir les 800 rues, places, boulevards, avenues d'Angers. redire aux étrangers les plus beaux chapitres de notre histoire locale.

Citons pourtant quelques-uns des vieux noms de rues, qui résistent encore, si pittoresques évocateurs de tant de souvenirs : la rue des Deux-Haies, la rue du Val-de-Maine, la rue de la Parcheminerie, la rue du Pré-Pigeon, rue Belle-Poignée, rue de l'Oisellerie, rue du Petit-Prêtre, rue du Vollier, rue du Zéphir, rue des Luisettes (on appelle *luisettes*, en Anjou, ces luisantes cépées d'osier aux feuilles papillonnantes. qui ourlent de verdure les rivages de nos cours d'eau) ; on lui a donné depuis peu le nom de rue Maillé ; rues de l'Epicier et de la Chârtre, très mal famées ; la rue Souche-de-Vigne, la rue Vigne-Ecole ; la rue de la

Prée d'Allemagne, la rue Gâte-Argent, où nos ancêtres
lapidaient leur bourse ès mains des belles du temps jadis
— le passage des Trois-Maris, le passage des Quatre-Vents
et (proh pudor !) le passage Pince-Fesses ; puis des chemins
aux appellations bizarres, celui de la Rêverie, celui du Silence, celui du Nid-de-Pie, ceux du Dos-d'Ane et du Col
d'Anon, etc.

Et chaque année de nouveaux rescindements s'opèrent,
les rues sont pourvues de dénominations plus modernes, des
maisons se construisent, les vieux quartiers se transmuent
et s'étendent, de nouveaux quartiers se créent ; et le périmètre de la ville va s'agrandissant toujours. — On a calculé
que 130.000 personnes au moins trouveraient à se loger
dans Angers.

Boulevards et Promenades. — Comme les rues,
les places changent d'aspect. Pour qui reviendrait à Angers
après un demi-siècle d'absence, le Champ-de-Mars, la place
du Ralliement, le Rond-Point ne seraient plus reconnais-
sables, si coquettement les entours ont fait parure neuve.
La place Larochefoucault-Liancourt était, il y a vingt ans,
un vaste marécage bordé de bicoques bâties sur arceaux
que la Maine inondait à la moindre crue. Si la place du Pilori, dont le nom sinistre donne encore un petit frisson d'in-
quiétude, n'a que peu varié, en revanche, la place des Halles
s'élargit ; le carrefour Rameau, flambant neuf, au bout de
la Chaussée Saint-Pierre, étroit et bruyant comme à Paris le
carrefour des *Ecrasés*, s'étoile de ses six grandes rues, enfi-
lées de belles maisons neuves, vastes et sculptées comme des
monuments.

Les anciens fossés d'enceinte, comblés avec les décom-
bres de leurs remparts, abattus dès 1808, nivelés en 1813 —
année où disparut la butte « inabordable » du Pélican —
ont été plantés de 1815 à 1842 et sont depuis lors, de splendides boulevards admirés par les étrangers.

La levée Besnardière, jadis longeant les prairies Saint-
Serge, aujourd'hui bordée de maisons, est devenue une
élégante avenue que prolonge la promenade des Four-à-
Chaux, plantée en 1833.

D'autres boulevards et avenues ont vu le jour dans le
quartier neuf qui s'est élevé de l'autre côté de la voie du
chemin de fer, entre la route des Ponts-de-Cé et la Bau-

metté. Et cette Baumette elle-même, avec ses frais ombrages et ses allées d'arbres centenaires, a remplacé pour nombre de promeneurs le parc de l'Esvière où se rencontraient autrefois les gens du bel air.

Le jardin de l'Hôtel-de-Ville, la prée d'Allemagne, le mail Martineau, le mail Romain, la Turcie des Capucins, la garenne Saint-Nicolas ont disparu depuis un siècle et davantage ; le Bout-du-Monde, le petit mail de la Préfecture, le petit mail de la Gare sont presque dédaignés comme des rognures de promenades ; mais il ne manque pas d'endroits agréables où les mères promènent les marmots rieurs, où

Jardin du Mail

les vieux vont chercher une place sur un banc avec un peu de soleil, et les jeunes l'ombre d'un massif pour leurs rendez-vous.

Jardin du Mail. — En face de l'Hôtel-de-Ville.

Il paraît que les amusements du peuple n'étaient pas toujours séants ; c'est pour leur fournir une récréation convenable que sous le mairat de Pierre Ayrault, en 1617, Gohier planta un jeu du mail sur quatre rangs d'ormeaux, moyennant un bail de 16 ans et la concession d'un droit de 2 sous par joueur. Des replantations et agrandissements, vers l'avant-mail, eurent lieu vers 1704, 1739, 1796, 1859.

Le jardin, tel qu'il se présente, a été ouvert le 15 mai 1859. Des fêtes charmantes y ont été données.

La splendide fontaine de fonte qui orne le centre de la promenade, figurait, pendant l'exposition universelle de 1854, au milieu de la nef principale du Palais de l'Industrie.

Le kiosque couvert, dont tout le monde admire l'élégance, a succédé en 1880 à une tribune qui déparait le jardin.

Une avenue de 600 m. de long sur 30 m. de large, l'avenue Jeanne-d'Arc, qui s'étend sur une partie de l'ancienne prée d'Allemagne, a été replantée d'un bout à l'autre en 1891 sur un plan hexagonal dont M. Hérault, le généreux bienfaiteur de la ville, à laquelle il a légué la plus grosse part de sa fortune, revendique la paternité en un écriteau énorme.

Il est question de prolonger l'avenue jusqu'au cimetière, d'y établir un square, au milieu duquel s'élèverait le monument de la grande héroïne qui patronne ces lieux de son nom.

Le Jardin du Mail est ouvert tous les jours au public, du lever du soleil jusqu'à neuf heures du soir, ou plus tard les jours où il y a musique.

Des concerts, donnés par les musiques militaires et par les sociétés d'amateurs, y ont lieu les dimanches, mardis, jeudis et samedis.

Jardin des Plantes. — A l'extrémité du boulevard de la Mairie.

Le premier jardin consacré, à Angers, à la culture des plantes médicinales, était situé sur le tertre Saint-Laurent. Le 25 avril 1777, ce jardin fut transplanté à l'entrée du faubourg Bressigny ; des cours publics de botanique y étaient faits par Burolleau. Le 5 mars 1789, une nouvelle translation eut lieu dans une partie de l'enclos actuel ; Merlet-Laboulaye y rouvrit le cours public avec 45. puis 90 ou 100 élèves ; après lui sa chaire passa à T. Bastard (1807), de Tussac (1816), Desvaux (1826), Boreau (1838). Depuis longtemps le jardin était ouvert au public, sauf le dimanche et le jeudi. Des agrandissements considérables, opérés en 1853 et 1863, ont fait du Jardin des Plantes une promenade ravissante.

L'orangerie date de 1826 ; la serre de multiplication, de 1852 ; la grille d'entrée a été inaugurée le 3 décembre 1893, en même temps que l'escalier si peu esthétique, donnant accès par les boulevards, et la statue de Chevreul.

Ouvert tous les jours au public du lever au coucher du soleil.

— Une partie du *Jardin de la Préfecture* et le *Jardin fruitier*, situés tous les deux boulevard du Roi-René, sont ouverts au public tous les jours : le premier de midi à 5 heures ; le second du lever au coucher du soleil.

Etang Saint-Nicolas. — Lorsqu'on descend le faubourg Saint-Jacques, on arrive à un petit pont, bâti en 1843, qui s'appelle du nom du ruisseau qu'il traverse, le pont Brionneau. Une voie romaine triomphale y passait autrefois.

On a là, vis-à-vis l'un de l'autre, les deux plus jolis coins de la campagne angevine : d'un côté la Baumette, au fond des prairies d'Aloyau longeant la Maine ; de l'autre, abrité derrière les maisons qui bordent la rue et qui le clôturent contre les familiarités de la circulation publique, l'étang Saint-Nicolas.

L'étang Saint-Nicolas a été *construit* par Foulques Nerra, qui possédait un domaine et avait sa vénerie sur la rive nord, du côté de la ville. C'est, on le prétend du moins, une suite d'anciennes ardoisières dont les ouvertures ont été unies dans une tranchée énorme, et le Brionneau, le ruisselet chétif qui avait à peine la force de s'en aller jusqu'à la Maine, s'est précipité dans les fonds qu'on lui ouvrait, a comblé les gouffres qui fouillaient jusqu'aux entrailles de la terre. Il y a fait son lit, le Brionneau, voilà des siècles, et il y dort, perdu dans l'étendue et dans la profondeur de ses eaux stagnantes.

Le lieu est sauvage et majestueux ; les moines de Saint-Nicolas, à qui Geoffroy Martel donna le domaine de son père Nerra, pouvaient s'y croire isolés du monde comme dans une thébaïde.

A peine si dans cette masse le fil de l'eau s'indique en léger sillage. Aucun bruit ne vient troubler la méditation, si ce n'est le murmure monotone de la cascade qui, se déversant dans les prairies d'Aloyau, trahit de sa plainte ce pays d'eau mystérieux.

Il n'est pas un peintre angevin qui n'ait traîné l'école buissonnière dans cette solitude pittoresque, aux aspects si variés, pour y ébaucher ses premiers paysages.

L'étang Saint-Nicolas ne se trouve pas facilement accessible : les propriétaires riverains en interdisent l'abord du côté de Saint-Jacques et de l'abbaye Saint-Nicolas ; plus haut, des dépotoirs fétides y sont installés, puis des carrières de pieux d'ardoises, enfin le tir à la cible du régiment. Il n'y a guère que du côté du chemin des Rêveries, au charmant village de Roc-Epine, que l'on puisse accéder à ce site, s'approcher de cet abîme, jouir du spectacle de ces eaux muettes, attirantes comme un ravin au fond duquel dort un lac enchanté.

Cimetières. — En revenant de l'étang Saint-Nicolas, non loin du pâtis Saint-Nicolas où campent les roulottes des nomades, on trouve, chemin du Silence, le cimetière de la Doutre, ou le cimetière de l'Ouest, comme il se nomme officiellement. Il a remplacé le vieux cimetière Guinefolle, qui était trop rapproché des habitations. — Acquis en 1810, le cimetière de l'Ouest a été agrandi en 1837 et en 1853.

La rive gauche était, avant la Révolution, si bien couverte de cimetières, qu'ils servaient de passages publics, de lieux de foires et d'assemblées. Depuis le 11 juin 1834, un cimetière unique a été établi sur la route de Saint-Barthélemy c'est le cimetière de l'Est. Le portail et les pavillons datent de 1839 ; la plantation de 1841 ; la bénédiction de 1849 ; la chapelle de 1870.

Il renferme plusieurs tombeaux et enfeux remarquables, une belle colonne élevée sur la fosse de 223 soldats victimes du désastre de la Basse-Chaîne ; une seule tombe de guillotiné, celle de Jounault Charles, originaire de Parthenay, exécuté sur la place de la Prison d'Angers, le 6 juillet 1896, pour crime d'assassinat, inhumé dans le carré *Plard* qui est situé à l'angle extrême du côté de la route de Saint-Barthelémy. — Autrefois les exécutions avaient lieu sur le pâtis Saint-Nicolas, et les suppliciés étaient inhumés dans la Doutre.

Les portes des cimetières doivent être ouvertes au public : à 5 heures 30 pendant les mois de mai, juin, juillet et août ; à 6 heures pendant les mois de mars, avril, septembre et octobre ; à 7 heures pendant les mois de novembre, janvier et février.

La fermeture, annoncée par quelques coups de sonnette

25 minutes à l'avance, a lieu : pendant les mois de mai, juin, juillet et août, sur la semaine, à 8 heures ; les dimanches et jours fériés, à 6 heures ; pendant les mois de mars, avril, septembre et octobre, sur la semaine, à 6 heures ; les dimanches et jours fériés, à 4 heures 30 ; pendant les mois de novembre, décembre, janvier et février, sur la semaine, à 4 heures 30 ; les dimanches et jours fériés, à 4 heures.

Le jour de la Toussaint, le dimanche qui précède et le dimanche qui suit, la fermeture des cimetières a lieu à l'heure ordinaire de la semaine.

La paroisse de Saint-Léonard a conservé son cimetière de village, qui ne présente pas grand intérêt.

Statues. — La plus ancienne statue d'Angers est celle du Roi René, qui s'élève sur le boulevard, près du Château. Œuvre de David d'Angers, elle a été donnée à la ville par M. le comte de Quatrebarbes et inaugurée le 2 juin 1853.

L'œuvre, en bronze, repose sur un piédestal entouré d'une grille et composé de trois socles dont le second, le plus important, est décoré de douze statuettes également en bronze, également de David, et qui représentent :

Vers le boulevard du Roi-René : *Dumnacus*, le premier héros des Andes (51 ans av. J.-C.) ; *Roland*, le paladin de Roncevaux (778) ; *Robert le Fort*, vainqueur des Normands (IX° s.) ; — vers le château : *Foulques Nerra*, le prodigieux conquérant et fondateur de villes (X°-XI° s.) ; *Foulques V*, roi de Jérusalem (XII° s.) ; *Henri II Plantagenet* (1189) ; — vers le boulevard du Château : *Philippe-Auguste*, réunit l'Anjou à la couronne (1205) ; *Charles d'Anjou*, roi de Sicile (1285) ; *Louis*, premier duc d'Anjou (XIV° s.) ; — vers l'Académie : *Isabelle de Lorraine*, première femme, *Jeanne de Laval*, deuxième épouse de René, et sa fille, *Marguerite d'Anjou* reine d'Angleterre.

— La statue de notre illustre David d'Angers s'élève sur la place de Lorraine, près du Mail. Cette grande figure en bronze, qui a donné lieu à d'assez vives polémiques, est l'œuvre de M. Louis Noël. L'inauguration a eu lieu en 1880. On peut voir dans une salle du Musée de sculpture, les maquettes qui prirent part au concours.

— Sur le pont du Centre s'élève une monumentale et belle statue en bronze de Beaurepaire, l'héroïque commandant

du premier bataillon de volontaires de Maine-et-Loire qui,
dans Verdun livré aux Prussiens, se tua d'un coup de re-
volver, le 2 septembre 1792, à 3 heures de la nuit, préférant

Statue de Beaurepaire

la mort à la honte de la capitulation. Une toile de grandes
dimensions, au Musée d'Angers, montre les volontaires de
Maine-et-Loire emportant le corps de leur commandant, à
qui, le 12 septembre 1792, l'Assemblée législative décerna

les honneurs du Panthéon. — Une statue, œuvre du maître David d'Angers, devait être posée sur un socle qui fut inauguré le 20 mars 1848, en grande fête; mais ce n'est que le 14 juillet 1889, que ce héros digne de Sparte vit enfin le monument achevé. La statue est de M. Maximilien Bourgeois.

— Le 27 octobre suivant, on inaugurait, sur la place Grégoire-Bordillon, un buste de GRÉGOIRE BORDILLON, un angevin, ancien préfet de Maine-et-Loire dont le nom, et le libéralisme sont toujours restés populaires à Angers. L'œuvre est d'un jeune sculpteur angevin de talent, M. Macé.

— La statue de CHEVREUL domine le grand escalier du Jardin des Plantes. Votée par le Conseil municipal le 14 décembre 1890, elle a été inaugurée en grande pompe le 3 décembre 1893 et a pour auteur M. Guillaume, de l'Institut. Elle a été coulée à l'École des Arts et Métiers d'Angers. On sait que Chevreul est né à Angers, rue des Deux-Haies, en août 1786.

— Le jour où étaient inaugurées la statue de Chevreul et la grille d'honneur du Jardin des Plantes, la cérémonie s'étendit à un petit buste d'Alexandre Boreau, le célèbre auteur de la *Flore du Centre*, livre devenu presque introuvable. Boreau, né à Saumur, est mort à Angers, où il était venu prendre la direction du Jardin Botanique en 1838. Son buste, offert à la Ville par la petite-fille du grand botaniste, se trouve à droite de la serre ; il a pour auteur M. Saulô, un jeune sculpteur angevin de valeur.

— Dans la Doutre, sur l'antique fontaine de la place de la Laiterie, est un buste du médecin Claude GARNIER (1759-1844), modelé par David à la suite d'une souscription publique. L'érection n'a eu lieu qu'en 1872.

— D'autres statues sont projetées; il a été question, à différentes reprises, d'une statue de Volney, d'une autre à Vigée-Lebrun, d'un monument à Jeanne d'Arc dans l'avenue qui porte son nom, etc.

Journaux. — Le plus vieux journal d'Angers est le *Journal de Maine-et-Loire*, dont la fondation remonte à 1773. D'abord libéral, pendant ses cinquante premières années, il devint gouvernemental sous Louis-Philippe et est toujours, depuis lors, resté attaché au parti orléaniste. Sa collection, conservée à la Bibliothèque, est curieuse à consulter, en même temps que celle du *Précurseur de l'Ouest* et de l'*Union de l'Ouest* dont le *Maine-et-Loire* a, il y a quelques années, recueilli l'héritage. — Depuis 1871, le *Journal de Maine-et-Loire* publie une édition également quotidienne à 5 centimes : le *Petit Journal de Maine-et-Loire*. — Ses éditions hebdomadaires sont : l'*Ami du Peuple* (1848), et le *Progrès de l'Ouest* (1861). Rédaction et administration : 13, rue David.

Dans les mêmes bureaux se rédige l'*Anjou*, fondé en 1881, et qui a succédé à l'*Étoile* comme journal de Mgr l'évêque Freppel. Royaliste.

Le *Patriote de l'Ouest* (1869), journal républicain quotidien, organe de concentration républicaine, à 5 centimes, publie également une édition hebdomadaire, le *Conseiller de l'Ouest* (1877). Les bureaux sont situés 18, rue Saint-Martin, dans le local de l'ancien Café Serin, naguère encore le plus beau café d'Angers.

Le *Petit Courrier* (1883) a pris la place du *Courrier d'Angers*, journal bonapartiste. Ce journal, d'abord conservateur, organe de l'Appel au peuple, a fait son évolution à la République en 1891, après l'encyclique du pape Léon XIII. Le *Petit Courrier* s'intitule depuis 1896 : « Organe de l'Union républicaine ». Ses bureaux sont 28, rue de la Roë. — Quotidien. Publie en éditions hebdomadaires : le *Messager de l'Ouest* (ancien *Drapeau Tricolore*) (1889), la *Gazette de Cholet* (1894), la *Gazette de Segré* (1892).

L'*Indépendance*, ancien *Électeur* (1873), est l'organe hebdomadaire des républicains radicaux, dont le journal quotidien, le *Ralliement*, a cessé sa publication en 1892. Dans les mêmes bureaux, 32, rue du Cornet, se publient deux autres journaux hebdomadaires : le *Petit Angevin* (1891) et le *Petit Baugeois* (1891), organe du parti républicain dans l'arrondissement de Baugé.

Le *Réveil de l'Ouest* (1881), catholique royaliste, naguère annexé à l'*Anjou*, s'est séparé de ce quotidien à la mort de Mgr Freppel. Hebdomadaire ; bureaux : 8, place du Pilori.

La *Croix Angevine* (1893), rue Bressigny, est une édition de la *Croix de Paris* consacrant une partie à la chronique locale. Elle publie en hebdomadaire la *Chronique Angevine*.

La *Revue d'Anjou* (1867), bureaux : 40, rue du Cornet, traite de littérature, d'histoire et d'archéologie ; elle paraît six fois par an en gros fascicules.

La *Revue Angevine* est un périodique mensuel fondé en 1892, et qui s'occupe également de science archéologique et de belles-lettres. Bureaux : à l'imprimerie Lachèse, chaussée Saint-Pierre.

Il existe, en outre, de nombreux périodiques parmi lesquels : l'*Anjou Médical* (1895), les *Archives Médicales* (1897), l'*Eventail* (1893), journal de théâtre et de sports, etc.

La *Semaine Religieuse* (1862), organe de l'Evêché, paraît chaque semaine.

Consulats. — M. Bessonneau, consul de Belgique, 15, boulevard de Saumur.

M. Paul Girard, vice-consul d'Espagne, 13, rue Boisnet.

M. Luneau, agent consulaire des Etats-Unis d'Amérique, 39, rue Boisnet.

Le département de Maine-et-Loire est rattaché au consulat d'Angleterre dont est titulaire M. Richard Stovin Wallenston, en résidence à la Rochelle ; — et au vice-consulat d'Italie dont est titulaire M. Genessal, résident au Havre.

Administrations

Services Publics

Angers est le chef-lieu du département de Maine-et-Loire, divisé en cinq arrondissements ; de l'arrondissement d'Angers, divisé en deux circonscriptions électorales nommant chacune un député et en neuf cantons ; enfin de trois cantons, Angers sud-est (31.392 h., dont 23 168 angevins), Angers nord-est (42.026 h., dont 35.310 angevins), Angers nord-ouest (25.326 h., dont 18.686 angevins).

La ville d'Angers était inscrite, en 1899, pour une somme de 1.109.185 fr. 40 au total des quatre contributions.

Le département de Maine-et-Loire est représenté au Parlement par quatre sénateurs et sept députés.

La Préfecture. — A l'extrémité de la rue Saint-Martin, et à proximité des rues des Lices et Saint-Aubin.

Comme nous avons déjà eu l'occasion de le dire, l'Hôtel de la Préfecture est bâti sur l'emplacement de l'ancienne abbaye Saint-Aubin, dont quelques-uns des anciens bâtiments ont été simplement remaniés pour recevoir les services administratifs.

Sous la galerie qui part de la porte d'entrée, longeant la cour d'honneur, des maçons occupés à des réparations en septembre 1836, mirent à jour une partie du mur de la première construction (xie siècle), que les travaux de réfection (xviie siècle), avaient recouvert de plâtre. Rien ne donne une plus charmante idée de la sculpture antique que ces colonnettes élégantes, encadrant des arceaux romans, bro-

dés en tous sens de festons et de chapiteaux historiés, et dé-
crivant des scènes d'une inspiration fantaisiste. Signalons
aussi, à l'angle opposé, une porte à voussures dans le même
style, découverte en décembre 1853. Les archives départementales occupent l'ancienne sacristie (voir : *Lettres,
sciences et arts*).

La partie moderne n'est pas moins belle. La salle des
fêtes, inaugurée en 1855, a son plafond peint par Dauban.
Les bureaux sont confortables. La salle du Conseil général
est également bien installée, avec un vaste espace pour le
public.

Les travaux administratifs, à la tête desquels se trouvent
naturellement placés le préfet et le secrétaire général, sont
répartis entre trois divisions composées chacune de deux
bureaux.

Du cabinet du préfet ressortissent les demandes de bureaux
de tabac, des diverses branches de l'administration, les dé-
corations, la police, etc.

La première division compte parmi ses attributions :
Premier Bureau : l'agriculture, sociétés et comices, concours
agricoles, élevage, primes et encouragement, courses, haras,
épizooties, foires et marchés ; — Fêtes et cérémonies publiques, récompenses pour belles actions ; — élections, corps
élus, tribunaux et chambres de commerce, conseils des
prud'hommes ; postes et télégraphes ; — monuments historiques, sociétés savantes, bibliothèques, statues, beaux-arts ;
— affaires militaires, sapeurs-pompiers, secours aux anciens
militaires ; — chasse, pêche et louveteries, gardes ; — *Deuxième Bureau :* instruction secondaire et supérieure, bourses ;
— loteries, associations diverses, sociétés d'agrément ; —
épidémies, conseils d'hygiène, ateliers insalubres et dange-
reux ; brevets d'invention, expositions industrielles, marques
de fabrique, travail des enfants ; — passeports, livrets d'ouvriers, secours aux voyageurs indigents, recherches dans
l'intérêt des familles, légalisation et visas, inhumations et
exhumations ; — étrangers réfugiés subventionnés ; — Ex-
pulsions ; Jeunes détenus, jeunes libérés, propositions de
grâces, réhabilitations, surveillance légale ; — Naturalisa-
tion, colonies d'Afrique et autres.

La deuxième division s'occupe plus particulièrement de la
comptabilité générale et départementale et des travaux

publics. *Premier Bureau :* routes, ouvrages d'art, chemins de fer, appareils à vapeur, barrages d'usines, cours d'eau, annonce de crues, défense contre les inondations, écourues, permissions de voirie, etc. — *Deuxième Bureau :* comptabilité, crédits, mandats, pensions, contributions, amendes, état-civil, cautionnements, etc.

La troisième division a l'administration et la comptabilité communale et hospitalière. *Premier Bureau :* organisation communale ; — droits de places dans les halles, foires et marchés ; droits de voirie, droits de voiturage, octrois ; — hospices et bureaux de bienfaisance, legs et donations, dépôts de mendicité, vaccine, pompes funèbres, cimetières ; — instruction primaire et cultes. — *Deuxième Bureau :* voirie vicinale, urbaine et rurale ; — bâtiments et biens communaux ; — dénombrements, etc.

Les bureaux ont comme annexes : les archives départementales, le Conseil de Préfecture, le service des Ponts et chaussées, l'inspection académique, l'inspection des enfants assistés, l'inspection du travail, la chaire d'agriculture, le service antiphylloxérique.

Le préfet actuel, nommé en 1895, est le 33e depuis la fondation.

Les bureaux sont ouverts de 9 h. du matin, à 5 h. du soir.

La Mairie. — Boulevard de la Mairie.

Là était autrefois le Collège d'Anjou, établi par la Nation en 1509, placé sous la direction des Oratoriens en 1624.

Après la Révolution, la municipalité obtint, à force de démarches et de délibérations et de dépenses, de s'y installer.

La grande salle, ou salle des fêtes, du nouvel Hôtel de Ville, fut inaugurée le 22 septembre 1823, par un bal offert à la duchesse d'Angoulême, en voyage à travers la Vendée. — On y voit aujourd'hui, une magnifique cheminée ancienne, provenant de l'hôtel de Danne, autrefois rue Saint-Julien. — La salle des fêtes restaurée, a été inaugurée à nouveau par un grand bal de bienfaisance, le 27 mars 1897.

La salle du Conseil est très vaste et confortablement aménagée.

Le maire actuel, élu en 1896, arrive le 151e sur la liste qui commence à Guillaume Cerizay (1475).

Le Conseil se compose de trente-six membres ; le maire a quatre adjoints.

Le personnel de la Mairie comporte 18 chefs de bureaux et commis, sous la direction d'un secrétaire général.

Le bureau de l'État-Civil se trouve à l'angle droit. Le droit d'expédition des actes délivrés par l'État-Civil est fixé pour chaque expédition d'un acte : de naissance, de décès, de publication de mariage, 50 centimes ; de mariage ou d'adoption, 1 franc.

Le bureau électoral, le bureau militaire et la recette municipale s'ouvrent dans le couloir de droite en entrant.

Le bureau de l'architecture est installé dans le couloir de gauche ; le bureau de la voirie, confié aux ingénieurs des ponts et chaussées, et celui des eaux sont placés dans l'aile gauche.

Pour aller au secrétariat et à la salle des adjoints, il faut monter l'escalier qui se trouve au fond du couloir de droite en entrant.

Conciergerie à gauche, près de la porte d'honneur.

Les bureaux de la Mairie sont ouverts au public de 9 h. du matin à 5 h. du soir, hormis les dimanches et fêtes, jours où l'Etat-Civil seul reste ouvert de 9 h. à midi.

Hôtel des Postes. — Place du Ralliement.

L'Hôtel des Postes et Télégraphes, qui appartient à la Ville, date de 1888.

Les bureaux sont ouverts : pour la Poste, de 7 h. du matin à 9 h. du soir en été (1er mars au 31 octobre), et de 8 h. du matin à 9 h. du soir en hiver (1er novembre au 28 février) ; pour le Télégraphe, de 7 h. du matin à minuit en été, et de 8 h. du matin à minuit en hiver ; pour le Téléphone, de 8 h. du matin à 9 h. du soir.

Des écriteaux, placés au-dessus de chaque guichet, indiquent les différents services dont on a besoin.

Un bureau auxiliaire des Postes est installé dans la Doutre, boulevard du Ronceray. — Un sub-office se trouve rue d'Anjou, un autre rue Saumuroise.

Enfin, une vingtaine de boîtes flottantes sont placées dans les différents quartiers de la ville, soit au long des murs, soit dans d'élégantes colonnes appartenant à une compagnie de publicité.

Pour les heures des levées et les distributions de correspondances, qui varient suivant les saisons, consulter le GUIDE-BIJOU.

Palais de Justice. — Au fond du Champ-de-Mars, à l'entrée de la rue de Paris.

Ainsi que nous le disons d'autre part, la Cour d'appel et les divers tribunaux se trouvaient jusqu'à ces derniers temps sur la place des Halles. Depuis le xvi° siècle, c'est là que les diverses juridictions : Sénéchaussée et Présidial, Police, Prévôté, Eaux-et Forêts, Election, Grenier-à-Sel, Traites, tenaient leurs audiences.

Le Palais de Justice actuel (1871-1883), tant en expropriations qu'en construction, a coûté près de trois millions.

La conciergerie de la Cour d'appel s'ouvre à droite, en contournant le bâtiment; celle du Tribunal de première instance à gauche. — Les salles d'audience sont au-dessus (entrée par la grande porte centrale) ouvrant sur une vaste salle des Pas-Perdus. — Les greffes sont installés au-dessus des salles d'audience.

La *Cour d'appel* d'Angers, créée ou plutôt réorganisée en 1811, ne compte plus que deux Chambres : une Chambre civile et une Chambre d'appels correctionnels. Elle est composée d'un premier Président (neuvième depuis la fondation), d'un Président de Chambre et de dix Conseillers. Le service du Parquet est assuré par un Procureur général, son substitut et un avocat général. Elle comprend dans son ressort les départements de Maine-et-Loire, de la Sarthe et de la Mayenne.

La Chambre civile tient audience les trois premiers jours de la semaine; la Chambre des appels correctionnels, les trois derniers. Cette dernière se forme en Chambre des mises en accusation pour examiner les dossiers des prévenus justiciables de la Cour d'assises.

Le *Tribunal de première instance* se divise également en deux Chambres : la première connaît spécialement des affaires civiles et la seconde de la police correctionnelle. La première tient audience le lundi et le mardi; la seconde, le vendredi et le samedi. L'audience des expropriations forcées et des criées se tient le vendredi; l'audience des référés, le mercredi. — Le Tribunal de première instance d'Angers est composé d'un président, d'un vice-président, de quatre juges titulaires et de deux juges suppléants. Le service du Parquet est assuré par un Procureur de la République, ses deux substituts et un juge d'instruction.

Les *Justices de paix* sont au nombre de trois, une par canton. Les audiences de la Justice de paix du canton nord-est se tiennent au Palais de Justice, le vendredi de chaque semaine; les audiences de la Justice de paix du canton sud-est, au Palais de Justice, le samedi de chaque semaine; les audiences de la Justice de paix du canton nord-ouest, à la Maison de la Voûte, le mercredi de chaque semaine. — Chacun des trois Juges de paix préside, pendant quatre mois, le Tribunal de simple police, dont les audiences se tiennent au Palais de Justice.

Les charges d'avoués sont au nombre de cinq près la Cour d'appel, et de six près le Tribunal de première instance. Huit huissiers exercent à Angers. Enfin, pour être complet, ajoutons qu'il y a, à Angers, douze études de notaires. Nous ne parlons pas des avocats : le barreau d'Angers compte pourtant plus d'une gloire : les Dupineau, les Pocquet de Livonnière, les Duboys, les Bordillon, les Janvier, etc.

Une statistique du casier judiciaire de l'arrondissement d'Angers, citée par M. l'avocat général L. Cournot, dans son discours de rentrée, en audience solennelle de la Cour, le 16 octobre 1895, nous apprend qu'à la date du 1er juillet 1895, le casier judiciaire d'Angers contenait 34,083 bulletins concernant 20,209 individus originaires de l'arrondissement d'Angers, frappés par une juridiction criminelle ou correctionnelle. 1,776 de ces individus, près de 9 pour 100, ont été condamnés pour mendicité et vagabondage. Sur ce nombre, 101 étaient âgés de moins de 16 ans; sur les 1,675 condamnés de plus de 16 ans (1,483 hommes et 192 femmes), 698 (654 h., 44 f.) étaient des récidivistes du vagabondage et de la mendicité.

Le Tribunal de commerce, institué par Charles IX, siégeait autrefois, rue Baudrière, au *Palais des Marchands* : un grand magasin en a conservé le nom. Il fut ensuite transféré dans l'un des auditoires de la place des Halles; il a suivi, au Palais de Justice, les autres juridictions. Il se compose d'un Président, de quatre juges titulaires, et de quatre juges suppléants.— Audiences : le vendredi, à 1 heure. Voir plus loin, *Commerce et Industrie,* pour les faillites et liquidations.

Le *Conseil des Prud'hommes* a été approuvé par arrêté

ministériel du 16 avril 1870, pour régler les difficultés qui peuvent s'élever entre employeurs et salariés. Il comporte six catégories d'électeurs, nommant 10 prud'hommes ouvriers et 10 prud'hommes patrons. L'assemblée élit un président, un vice-président et un secrétaire. Le Conseil des Prud'hommes siège à l'Hôtel-de-Ville; le secrétariat est ouvert tous les jours, de 11 heures à 1 heure. Le Bureau de Conciliation siège tous les mardis, à 8 h. du soir.

Prison. — De 1484 à 1806, la Maison de Justice se trouvait à l'angle de la rue de la Chartre, du côté des Halles. Prévenus et condamnés grouillaient là-dedans, à l'abandon, vivant des aumônes reçues pour eux dans un tronc en fer que l'on exposait, les jours de foire, sous le porche où étalaient les merciers, couteliers et quincailliers. Le jour et l'air ne pénétraient dans les réduits que par-dessous les portes. — Non loin, se trouve la place du Pilori, au nom significatif.

En avril 1806, la Ville vendit ce refuge ignoble; la rue de la Chartre n'emprisonne plus que des captives d'un genre spécial, sur lequel il serait déplacé d'insister.

Transférée au Château la prison, n'était pas là beaucoup mieux conditionnée. Enfin de 1850 à 1854 a été bâtie la prison actuelle, sur les anciennes carrières d'ardoises du Pré-Pigeon. Les femmes y sont détenues depuis 1857. Il est possible d'y loger 300 détenus environ. — Les frais s'en sont élevés à 800.000 francs.

La prison relève de la seizième circonscription pénitentiaire.

Police. — Le commissariat central de police se trouve près de la Mairie. Quatre commissariats de quartiers sont installés : commissariats du premier arrondissement, place des Halles, ancienne Cour d'Appel; du deuxième arrondissement, place de la République, au coin de la rue Millet; du troisième arrondissement, dans la Doutre, rue Saint-Nicolas; du quatrième arrondissement, 6, rue Michelet. — Deux commissaires de surveillance administrative se tiennent, l'un à la gare Saint-Laud, l'autre à la gare Saint-Serge.

La police est faite par 74 agents, dont 10 pour le service de la Sûreté.

Une permanence est établie, pour le service de nuit, au commissariat central.

Gendarmerie. — La compagnie de gendarmerie de Maine-et-Loire, placée sous les ordres d'un commandant, appartient à la 9ᵉ légion qui a son siège à Tours.

La caserne de gendarmerie d'Angers est située, 1, rue Saint-Evroult. Quatre brigades y sont logées. Le bureau pour les affaires militaires (première porte sous le porche, à gauche en entrant) est ouvert toute la journée ; le dimanche, de 6 heures à 11 heures du matin.

Deux autres brigades sont casernées : l'une aux Justices, route d'Angers à la Pyramide ; l'autre sur le tertre Saint-Laurent, dans la Doutre.

Armée. — Le département de Maine-et-Loire dépend, comme division militaire, du neuvième corps d'armée dont le commandant en chef réside à Tours.

Le général commandant la 18ᵉ division d'infanterie réside à Angers, ainsi que le général commandant la 36ᵉ brigade.

La garnison se compose de trois régiments :

Un régiment d'infanterie, actuellement le 135ᵉ de ligne, est réparti en deux casernes : la caserne de la Visitation et celle de l'Académie, sur les deux places de ces noms, non loin de la gare Saint-Laud.

Un régiment de cavalerie, actuellement le 25ᵉ dragons, a son quartier de l'autre côté de la voie ferrée, au fond de l'avenue de Contades. Les bâtiments datent de 1864.

Un autre régiment, le *6ᵉ Génie*, a pris la place du 2ᵉ régiment de pontonniers en 1895. La caserne est au bout de la rue Eblé, sur le bord de la voie ferrée. — Le régiment à l'un de ses parcs de matériaux au bout du quai du Roi-de-Pologne, l'autre à Empiré, en Sainte-Gemmes-sur-Loire. Son polygone est en voie de construction dans les terrains Saint-Laud.

Depuis 1720, la Ville a été en continuels pourparlers avec l'autorité militaire pour le logement des soldats ; ses embarras financiers l'empêchèrent (1763-1790) d'accepter l'Ecole d'artillerie. La caserne du génie et celle des dragons ont été bâties spécialement pour recevoir des troupes. Il s'agit maintenant de fournir des bâtiments convenables à

'infanterie : un projet, adopté en 1896 par le Conseil municipal, décide la construction d'une caserne neuve qui sera
édifiée au haut de la rue de Paris, sur l'emplacement de l'ancien Champ de manœuvres et coûtera environ 1,500,000 fr.

La *Visitation* et l'*Académie* ont leur histoire :

La Visitation était un ancien couvent de Visitandines,
dont les bâtiments, commencés en 1044, restèrent inache-
vés. Ce couvent envahissait le quartier avec tant de sans-
gêne que, en 1779, le Conseil de Ville fit élever une pyramide sur la place, devant la communauté, afin d'y inscrire
les dimensions des terrains et chemins communaux. — Les
magnifiques terrains qui entouraient le couvent sont occupés par la gare Saint-Laud. L'aile de la caserne qui fait face
à la gare d'Orléans a été construite en 1849.

L'Académie fut bâtie en 1753 pour la création, par le
comte de Brionne, gouverneur de l'Anjou, grand écuyer de
France, d'une *Académie royale d'équitation*, réclamée
depuis longtemps par toute la jeune noblesse qui fré-
quentait l'Académie du sieur des Loges. La Maison de
Casenove, que remplaça l'Académie royale d'équitation,
avait servi pendant plus de 50 ans de résidence aux Carmes
et avait vu se célébrer les noces d'Isabeau de Beauveau
avec Jean de Bourbon, un des ancêtres de Henri IV. La
nouvelle institution eut, pendant 25 ans (1761-1785), une
vogue extraordinaire sous la direction des frères Avril de
Pignerolles ; de toute l'Europe, les jeunes seigneurs y
venaient prendre des leçons, et l'on a conservé mémoire de
Buffon, Wellington, etc. Dès 1787-1789, les leçons étaient
désertées et il était question de transformer l'Académie en
caserne.

Le *Dépôt de remonte*, fixé à Angers par une décision
royale du 13 juillet 1778, n'a été installé qu'en 1856 dans les
bâtiments qu'il occupe, rue de Brissac, 24. Il est commandé
par un chef d'escadron et se rend chaque mois dans les
départements de Maine-et-Loire, d'Indre-et-Loire et de la
Loire-Inférieure pour faire ses achats.

Dans le même enclos, un pavillon est réservé aux bureaux
de l'*Etat-Major* de la place et au *Bureau de recrutement*.
Ce dernier est ouvert tous les jours, excepté le dimanche,
de 8 h. à 10 h., et de midi à 4 heures.

Les bureaux de l'*Intendance* militaire sont situés rue Toussaint, 37 ; à côté se trouve la *Manutention*.

Le *71ᵉ régiment territorial d'infanterie* est fixé à Angers.

⊙ Comme tous les chefs-lieux de départements, Angers est le siège d'un *Conseil départemental des Bâtiments civils*, d'un *Conseil départemental de l'Instruction publique*, d'un *Conseil départemental d'Hygiène*, d'un *Comité de Vaccin*, d'une *Chambre consultative d'Agriculture*, etc.

La *Chambre de Commerce* comprend 8 membres élus en renouvellements partiels par les arrondissements d'Angers, Baugé et Segré. Deux autres Chambres de Commerce existent, l'une à Saumur, l'autre à Cholet.

Le *Conseil général* se réunit deux fois par an à la Préfecture : 34 membres.

Le *Conseil d'arrondissement* : 9 membres.

Le service du *Trésor* a comme agents : un trésorier-payeur général, un directeur des contributions directes, un directeur des contributions indirectes, un directeur de l'enregistrement, des domaines et du timbre, un conservateur des hypothèques, un receveur entrepositaire des tabacs, et des inspecteurs, contrôleurs, percepteurs, receveurs, commis, etc. On s'adresse, pour les baux et successions, aux hypothèques ; pour les actes civils, chez le receveur des actes civils ; pour les actes judiciaires, au Palais de Justice. (Prendre les adresses dans le Guide-Bijou).

Le département de Maine-et-Loire ressortit enfin : à l'Université de Rennes ; — à la treizième inspection des ponts et chaussées ; — à la dix-neuvième conservation des forêts (Tours) ; — à l'arrondissement minéralogique de Poitiers (division du Centre) ; à la région agricole de l'Ouest, etc. (consulter le Guide-Bijou).

Les Cultes

Angers, aux siècles de féodalité, devait faire l'effet d'une vaste agglomération d'abbayes, d'églises, d'aumôneries, de chapelles et de cimetières. En 1778, Péan de la Tuilerie, prêtre de Châteaugontier, publia une *Description de la Ville d'Angers* dans laquelle il compte « 7 paroisses, 8 chapitres, 5 abbayes, 2 séminaires, 47 églises, sans comprendre les chapelles et les oratoires particuliers. »

Le grand cimetière qui occupait jadis la place du Ralliement et quartiers contigus, était entouré de Saint-Maurille, Saint-Pierre, Saint-Maimbœuf, Saint-Jean-Baptiste ou Saint-Julien, Saint-Denis ; plus loin s'élevaient Saint-Maurice, Saint-Aubin, Saint-Martin, Saint-Michel-la-Palud, etc. Voilà pour le centre, le reste était à l'avenant.

Le temps vida et ruina un certain nombre de ces fondations religieuses ; la Révolution balaya les ruines et créa une organisation nouvelle.

La ville, par une loi du 30 janvier 1791, fut divisée en 8 paroisses qu'à quelques différences près l'on retrouve encore aujourd'hui : la cathédrale ou Saint-Maurice ; — Saint-Pierre, transférée alors aux Cordeliers, compensée aujourd'hui par Saint-Joseph ; — Saint-Samson, agglomérée à Saint-Serge ; — Saint-Nicolas, qui émigra chez les capucins, remplacée aujourd'hui par Sainte-Thérèse ; — la Trinité ; — Saint-Jacques ; — Saint-Laud ; — la Madeleine. — Une neuvième paroisse, Saint-Léonard, desservant l'ancien village des *Fruits-Sucrés*, s'est soudée à la ville.

L'Evêché. — Rue de l'Evêché, 2.

Ici fut le Capitole ; les comtes romains, et plus tard les comtes francs y résidèrent. — En 850, les comtes déménagèrent au château ; les évêques vinrent habiter aux portes de leur cathédrale.

Les travaux de restauration et d'agrandissement ont mis à jour des pans de murailles épaisses construites au xie siècle.

La chapelle a été installée en 1850 dans une longue galerie, au rez-de-chaussée, admirable avec ses fenêtres et ses voûtes en plein-cintre et ses trois rangs de colonnes romanes aux chapiteaux historiés. Un large escalier, construit en 1510 par l'évêque François de Rohan, conduit à la salle synodale. Cette salle, longue de 20 m., large de 10 m., offre l'un des rares spécimens d'architecture civile antérieurs à l'ogive (fin du xie siècle). Les portes conduisent, à droite, dans la cathédrale, à gauche dans les appartements de l'évêque. A droite en entrant, une ancienne piscine, au-dessous de laquelle, gravée sur une pierre, une inscription convie les chevaliers et les clercs à prendre là la première place et renvoie bien loin les vilains. On trouve également là les portraits des évêques et leurs armoiries. A l'étage supérieur est conservée une vieille cheminée (1438) couronnée de créneaux et de machicoulis.

En sortant de l'Evêché et en remontant vers la Cathédrale, en face d'un calvaire, le mur, à droite, porte encore l'inscription gothique : *Cy est la court du grand archidiacre.* Là siégeait l'*Officialité.*

L'évêque actuel est le 87e occupant le siège épiscopal d'Angers ; il a été nommé en 1899. — Les réceptions épiscopales ont lieu le mercredi et le samedi, de 1 heure 1/2 à 5 heures.

Le secrétariat de l'Evêché est ouvert tous les jours, de 11 heures à midi et de 1 h. 1/2 à 4 heures, dimanches et fêtes exceptés. — Le secrétariat particulier : le lundi, le mardi et le jeudi.

La Cathédrale. — Tout près de l'Evêché, au sommet du coteau qui domine tout le val de Maine.

C'est, avec le château, l'un des plus superbes et des plus vivants fragments qui nous restent du passé.

Dès 471, il existait, sous le vocable de Notre-Dame, une église qui fut incendiée, puis rebâtie. La consécration à Saint-Maurice date du VIIe siècle au moins. Comme elle tombait en ruines, l'évêque Hubert de Vendôme la réédifia

L'Évêché

(1030). Elle fut à nouveau détruite, deux ans après, par un incendie.

L'œuvre fut alors reprise, mais pauvrement, n'ayant pour couverture qu'une simple charpente. C'est sous l'épiscopat de Normand de Doué que les voûtes furent construites (1150).

Le chœur fut ajouté par un autre évêque, Raoul de Beaumont, en 1178, puis prolongé, en 1274, par delà le mur de la Cité qui jusqu'à ce moment l'avait limité.

C'est également un évêque, Guillaume de Beaumont (1202-1240), qui fit construire les deux ailes du transept. L'aile droite prit plus tard le nom de *Chapelle des Chevaliers* : les membres de l'ordre du Croissant, institué en 1448 par le roi René, avaient leurs armoiries sur les parois. L'aile gauche, qui communiquait avec l'Evêché, s'appela la *Chapelle des Evêques.*

L'aspect extérieur, au haut de ce triangulaire escalier de la pittoresque montée Saint-Maurice, est véritablement imposant, malgré la face un peu étroite de l'édifice.

Le portail, décoré de quatre rangs de voussures, présente, au tympan, le Christ. Les symboles des quatre Evangélistes l'entourent. Aux parois latérales s'élèvent huit grandes statues de personnages bibliques; aux voussures se pressent deux rangs d'anges en adoration et les vingt-quatre vieillards de l'Apocalypse rendant hommage avec des instruments de musique et des vases à parfums.

Les ogives appliquées de chaque côté sont les vestiges d'une galerie qu'avait fait élever Foulques de Mathelon, évêque en 1336. Au-dessus du portail s'ouvre une vaste fenêtre à plein cintre. Puis, plus haut, les trois tours prennent leur ordonnance.

Les deux tours latérales, hautes, celles de gauche de 69 m., celle de droite de 65 m., superposent quatre étages d'arcatures semblables. La charpente des flèches était recouverte de plomb ; elles ne furent relevées en pierre qu'en 1518. Incendiées en 1533, reconstruites en 1540, elles ont été une fois de plus incendiées par la foudre en 1831, puis reconstruites dans le style primitif de 1836. — En même temps était relevée la coupole hoctogone de la tour médiane qu'avait construite Jean de Lépine en 1540, et qui s'était écroulée également en 1831. Le sculpteur Dantan, qui restaura les flèches, rénova en même temps toute la façade, avec ses 116 figures y compris les 8 statues de saint Maurice et de ses compagnons rangées au frontispice du clocher.

L'intérieur de l'église mérite une longue visite.

L'ensemble du vaisseau forme une croix latine qui mesure :

du portail au fond de l'abside, 89 m. 80 de long, 44 m. 66 de largeur dans le transept et 16 m. 26 dans la nef. Les voûtes ont 26 m. de hauteur et 16 m. 40 de portée entre les murs.

En comparant le chœur avec la nef, on peut voir l'ogive venant s'allier au plein-cintre jusqu'au moment où elle allait le détrôner.

La collection de vitraux de Saint-Maurice est magnifique. Les plus anciens sont ceux de la nef, qui représentent la vie de la Vierge, celle de Saint-Eloi et le martyre de Sainte-Catherine. Ils furent donnés par le chanoine Hugues de Semblançay, en 1170. Les vitraux du chœur, consacrés aux saints Julien, Maurille, Laurent et Thomas Beckett, sont du xiiie siècle. Le Zodiaque représenté dans la grande rose à 18 rayons du croisillon sud, a pour auteur le vitrier Robin (1452), ainsi que l'Apocalypse dans le chœur, et le Jugement dernier dans la fenêtre nord. L'évêque Jean de Rély (1491-1499) s'est fait portraicturer dans la fenêtre orientale de ce même croisillon nord. Le Château Saint-Ange, au-dessus du banc-d'œuvres est le moins antique ; il date du xve siècle.

Outre ces splendides verrières, Saint-Maurice possède et expose une riche collection de vieilles tapisseries, dons du roi René et de Charles VII. La série principale, restaurée en 1854-1855, représente l'Apocalypse. Elle a 4 m. 20 de hauteur et plus de 1.000 m. de longueur.

David père a sculpté les délicates boiseries du chœur. — La chaire est sortie de l'atelier de l'abbé Choyer. — Le maître-autel, installé en 1699, a été surmonté d'un baldaquin en 1757.

Au bas de la nef, deux chapelles latérales renferment : celle de gauche, un calvaire de David d'Angers, à qui l'on doit également la Sainte-Cécile qui préside aux chants du chœur; celle de droite, les fonts baptismaux (là était jadis desservie la paroisse; on y retrouve des traces de construction du xiie siècle, qui seraient celles de cette première église élevée à la Vierge sur les ruines d'un temple de Jupiter-Capitolin).

Les orgues sont très belles. Elles furent établies en 1511 par Jousselin et réparées en 1521 par Pierre Bret, puis reconstruites (1742-1748) par l'habile facteur Jen Dangeville, avec buffet sculpté par Surugue. Cavalhié-Koll, le célèbre facteur, les a (1870-1873) dotées de tous les perfectionnements artistiques. Cet orgue, soutenu par quatre majestueuses cariatides, est un grand seize-pieds en montre, avec soubasse de 32 pieds à la pédale ; 3 000 tuyaux recèlent son immense richesse harmonieuse. — Un petit orgue lui donne le répons ; il a été installé au fond du chœur en 1851, par Bonn, de Tours.

Dans l'abside de Saint-Maurice fut inhumée toute la dynastie des ducs de la maison royale Anjou-Sicile, ainsi qu'en témoigne une inscription tumulaire placée au mois de décembre 1850 derrière le maître-autel. Les tombeaux furent détruits en 1783 par les chanoines ; mais les ossements s'y trouvent toujours, comme on a pu le constater en 1895, en retrouvant les cendres du roi René et d'Isabelle de Lorraine.

Puis, au hasard, dans l'église, dormaient les évêques, sous leurs tombes levées. Les chanoines ont tout détruit : ils vendirent les statues au poids du bronze ou de cuivre, de 1699 à 1747. Leur but, en bouleversant ces monuments, était d'établir une crypte funéraire pour le Chapitre. Cette crypte existe ; le mur du fond est même un reste de l'église brûlée en 1032 ; l'entrée s'en trouve sous une dalle vis-à-vis le pilier de la chaire ; mais le caveau sert aujourd'hui à la sépulture des évêques.

Le Chapitre comprend 11 évêques et archevêques, chanoines d'honneur ; 9 chanoines titulaires, 10 chanoines prébendés et 61 chanoines honoraires.

Pour s'assurer des heures du service, s'adresser au sacristain. Les cérémonies extraordinaires sont annoncées dans la *Semaine Religieuse* et dans divers journaux.

Saint-Serge. — Avenue Besnardière. Saint-Serge était un monastère de Bénédictins qui fut fondé par Clovis II vers 654. Reconstruite en 850 par le breton Nomimoë, agrandie par des offrandes et des dons nombreux, reconstruite par Geoffroy Martel, l'abbaye voulut avoir une église digne de sa richesse. C'est cette église qui existe encore aujourd'hui.

L'entrée n'est pas brillante. Lors du siège tenté, en décembre 1793 par les Vendéens contre la ville, la présence des assiégeants dans le clocher de Saint-Serge attirait sur le monument la mitraille d'une pièce de 36, braquée de l'autre côté de la Maine. Un boulet atteignit la tour et l'édifice est resté amputé.

L'intérieur est remarquable, surtout dans une partie, le chœur qui, avec sa chapelle terminale rectangulaire, date du xiie siècle et est l'un des monuments les plus célèbres du pur style Plantagenet. La nef, les collatéraux et leurs chapelles sont du xve siècle.

L'ensemble menaçait ruine, en 1853; une restauration s'imposait. Les travaux remirent à jour, en même temps que des vestiges des temps carlovingiens, la tombe de Jean Tillon, qui fut abbé de Saint-Serge de 1483 à 1501. La pierre portant son épitaphe en vers français et ses armes se trouve encastrée dans le mur, à droite, chapelle du second collatéral.

Remarquer encore, dans le côté droit du chœur, une jolie piscine du xve siècle.

La Trinité. — Dans la Doutre, au bout de la rue Beaurepaire.

La Trinité était autrefois une dépendance ou plutôt l'église de l'abbaye attenante du Ronceray. L'église était loin d'être achevée lorsqu'elle fut dédiée, en 1602, puisqu'on ne la croit pas antérieure à la dernière moitié du xiie siècle.

La nef unique, à laquelle on accède par deux belles portes romanes, est décorée d'un bout à l'autre de curieuses niches au nombre de 7 vers sud et 8 vers nord, et terminée par trois chapelles demi-circulaires, voûtées en demi-coupoles.

Le chœur se trouve sous une tour, romane à sa partie inférieure, et dont la partie supérieure est l'œuvre de Jean de Lépine (xvie siècle).

Une restauration complète a été faite à partir de 1864; une autre doit être commencée incessamment.

Il convient de prêter attention, dans l'intérieur de l'église, à un escalier tournant, en bois, datant de la Renaissance, et situé au fond de la nef. Le maître-autel est orné de bas-reliefs en bois doré, du xvie siècle. Le buste en marbre de l'abbé Gruget, curé de la paroisse de 1784 à 1840 est du sculpteur Walter. Le Christ est du sculpteur angevin Maindron.

C'est au sacristain de la Trinité qu'il faut s'adresser pour visiter la crypte du Ronceray.

VUE GÉNÉRALE D'ANGERS

Je
d
n
da
lo[illegible]
aj
fr
se
!

Le
qu
de
l
du
jur
pa
di
dai
fra[illegible]
V
de
tro[illegible]

s
mu[illegible]
B
siè[illegible]
de
con
tue[illegible]
L
à l'[illegible]
une
d'Ap[illegible]

Saint-Jacques. — Très loin, dans le faubourg Saint-Jacques, et non loin de l'étang Saint-Nicolas.

D'abord simple chapelle consacrée à saint Sébastien, elle devint église paroissiale sous l'épiscopat d'Ulger et fut rebâtie en 1123 par l'abbaye du Ronceray.

La façade, aux baies romanes encadrées de contreforts, date de cette construction. Elle a été remaniée en 1820, lorsque fut bâti le faîte du clocher.

A la nef, mesurant 25 m. de long sur 12 de large, a été ajouté un chœur en 1856.

La Vierge à l'enfant jouant avec un saint Jean, qui se trouve vis-à-vis le maître autel, est attribuée au célèbre sculpteur Biardeau.

Saint-Laud. — Place de l'Académie, près du Château.

L'église dépendait de l'abbaye Saint-Aubin. En 1234, Louis IX agrandissant le château, la donna aux chanoines qui y transférèrent les reliques vénérées dans la chapelle des comtes ingelgériens.

Parmi ces reliques, on citait notamment quatre morceaux du bois de la Vraie-Croix : la Croix-Saint-Laud sur laquelle jurait Louis XI et qui punissait de mort dans l'année, les parjures engagés sous son serment. — Cependant le bénédictin Royer, qui rechercha l'origine de cette relique, déclare « n'en avoir rien trouvé d'assuré ». Un seul de ces fragments a été retrouvé après la Révolution.

L'église actuelle, en style roman poitevin, a été construite de 1872 à 1882. Sa crypte renferme la statuette de la Vierge trouvée à l'Esvière par Yolande d'Aragon.

Saint-Joseph. — On l'aperçoit du boulevard de Saumur. au fond de la rue des Arènes.

Bâtie il y a un demi-siècle, dans le style angevin du XIIIe siècle, en forme de croix latine longue de 55 m. sur 13 m. de largeur, l'église Saint-Joseph présente une façade décorée avec goût d'une vaste rosace, de bas-reliefs et de statues.

La clef de voûte est à une hauteur de 23 m. On remarque à l'intérieur deux tableaux dûs à des pinceaux angevins : une *Piéta*, signée par Dauban et la *Mort de Saint-Joseph*, d'Appert.

La Madeleine. — Sur la route qui conduit à Trélazé.

Ce fut du xɪᵉ au xvᵉ siècle, une léproserie dédiée à Saint-Lazare. L'église, qui datait du xɪɪᵉ siècle, fut vendue nationalement le 4 messidor an IV. Rendue plus tard au culte, elle a été reconstruite entièrement il y a une vingtaine d'années.

Sainte-Thérèse. — Dans la Doutre, près du faubourg Saint-Lazare.

Eglise en style du xɪɪɪᵉ siècle, bâtie par souscriptions en 1860 Les enjolivures de l'intérieur, en couleurs tendres, font quelque peu crier à l'affèterie. Une tempête, survenue en mars 1900, a rendu la reconstruction de cette église indispensable.

Notre-Dame. — Rue Pocquet-de-Livonnière et place des Halles.

La vieille église, autrefois chapelle des Oratoriens, qui avait été bâtie sur l'ancienne aumônerie Saint-Michel, a été démolie en 1898.

La Ville doit profiter de la reconstruction de la nouvelle église pour remanier, embellir, moderniser ce vieux quartier des Halles, indigne d'une cité comme Angers.

D'après le projet, la façade de l'église et son entrée principale sont placées en bordure de la rue Pocquet-de-Livonnière; le chevet atteint la rue Chevreul. Le vaisseau aurait 60 m. de longueur, 25 de largeur, 1 200 de superficie totale.

Saint-Léonard. — Rue Saint-Léonard.

Rien d'intéressant en fait d'art. La vieille église, reconstruite au xvɪɪɪᵉ siècle, vient de disparaître pour faire place à une église neuve dont la première pierre a été frappée en 1895.

Chapelles. — Comme les églises, les chapelles sont nombreuses à Angers : malgré l'intérêt qu'elles présentent et le désir que nous aurions de les citer toutes, il nous serait bien difficile de n'en pas omettre. Bornons-nous à signaler les plus fréquentées :

La Chapelle du Tertre Saint-Laurent, qui a pris la place de la tour hoctogone de Saint-Geffroy où le saint-sacrement restait exposé, tous les ans, à la procession du Sacre. La réputation en était grande, de ce Sacre d'Angers qui, dit M. Célestin Port, était presque une fête nationale et durait plus de huit jours. La chapelle du Tertre Saint-Laurent voit revenir chaque année, la procession du Sacre, au premier dimanche de Fête-Dieu. Mais la pompe et le pittoresque de la cérémonie, bien que jouissant encore d'un certain éclat, ne sont plus que le reflet de ces solennités angevines du moyen-âge, dont la réputation était européenne.

La chapelle du Champ-des-Martyrs, élevée en 1852, sur l'emplacement des fusillades révolutionnaires, entre l'étang Saint-Nicolas et la route de Laval, en Avrillé. Elle servit, pendant quelques années, de lieu de pèlerinage.

La chapelle de l'Externat Saint-Maurille, qui a pris, il y a quelques années, la place de la maison des Pères du Saint-Sacrement. (Cloîtres Saint-Martin) ; naguère encore chapelle de l'Adoration perpétuelle. à laquelle on accédait par un passage ouvert sur le boulevard de Saumur. La fondation date de 770.

La chapelle des Ursules, dans la rue de ce nom, qui abrite un curieux rétable avec des statues de Biardeau. Une autre œuvre du même sculpteur est conservée dans la vieille chapelle restaurée du Grand-Nozé, et une autre dans celle de la Barre.

Les chapelles de la rue d'Alsace et de la rue Cordelle, près de la place du Ralliement; non loin, celle des frères de Saint-Julien. puis celle du Lycée David d'Angers; celles du grand et du petit-séminaire; celles des cimetières; celles de l'Esvière, à la résidence d'été des évêques; celles de Bellefontaine. de Montéclair, de Saint-Nicolas, de la Retraite, des Jésuites, etc., etc. Chaque communauté a la sienne, soigneusement entretenue, et il s'en élève chaque année de nouvelles. Mais la plus grandiose est la dernière construite sur les plans de la vieille église Toussaint, par les Dominicains de la rue Rabelais. Cette chapelle, évidemment destinée à devenir un jour église paroissiale, n'a pas été autorisée à être ouverte au culte.

Congrégations. — Les congrégations et communautés religieuses, qui occupaient une place si importante du territoire du vieil Angers, sont encore aujourd'hui très nombreuses dans notre ville. On peut s'en rendre facilement compte par le bref énuméré ci-après qui indique, avec chaque communauté les établissements divers desservis par les congrégations :

PP. Jésuites : maison et chapelle, rue Joubert et faubourg Saint-Michel; domaine, terres, chapelle, aux lieux dits « les Pins ».

PP. Lazaristes : domaine et chapelle, chemin du Silence.

PP. Oblats de Marie : domaine et chapelle, chemin de Pruniers.

PP. Dominicains : maison, jardin, chapelle, rue Rabelais.

PP. Franciscains : domaine, avec chapelle, 26 et 28, cour Saint-Laud.

Frères de la Doctrine chrétienne (de Nancy) : pensionnat, rue Saint-Julien; on y donne l'instruction primaire supérieure et l'enseignement secondaire spécial.

Frères des Ecoles chrétiennes : 6 écoles primaires, rue du Volier (1822), rue de la Chalouère, rue Kellermann, rue du Canal, rue Saint-Jacques et rue Saint-Léonard.

Frères de Sainte-Croix : maison, école, chemin d'Epinard.

Sœurs de la Charité de Sainte-Marie : vaste domaine de Saint-Martin, à la Forêt; maison, parc, terres, chapelle; refuge pour les malades et les vieillards; institution de sourds-muets; écoles d'asile place Sainte-Thérèse et à la Madeleine; la communauté dessert en outre la prison, le petit-séminaire Mongazon (lingerie et infirmerie), l'asile départemental d'aliénés de Sainte-Gemmes-sur-Loire, l'orphelinat de Pouillé en les Ponts-de-Cé, etc.

Bénédictines du Calvaire : prieuré fondé en 1621; pensionnat pour demoiselles; maison de retraite pour dames; chapelle, vaste domaine, rue Vauvert.

Sœurs de Saint-Charles : domaine, maison-mère et chapelle, boulevard de Laval; pensionnat avec chapelle, passage des Arènes; autre pensionnat, rue Quatrebarbes; écoles primaires privées, rue Kellermann, rue de Bouillou, rue Chef-de-Ville, rue de la Madeleine; écoles d'asile, rue Kellermann et rue Michelet; ouvroir, rue Pocquet-de-Livonnière; dispensaire, rue du Mail; dispensaire du Bureau de bienfaisance, rue Saint-Blaise; dispensaire et patronage, rue de Paris; maisons de santé, boulevard du Château et cour Saint-Laud.

Sœurs Ursulines, dites « Ursules », venues de Bordeaux

à Angers en 1618 : pensionnat pour jeunes filles, école privée, rue des Ursules.

Sœurs de la Retraite : maison-mère rue Saumuroise, à la Maison-Rouge, avec domaine, pensionnat, jardin, chapelle, maison de retraites pour dames et école primaire privée; pensionnats avec chapelles, rue Pierre-Lise et rue de l'Aubrière; école maternelle, rue du Haut-Pressoir.

Augustines du Sacré-Cœur de Marie : maison de santé, vaste domaine, chapelle, fourneaux alimentaires l'hiver, rue de la Madeleine.

Religieuses du Bon-Pasteur : ordre fondé au xviie siècle par l'évêque Arnaud : maison de correction pour les jeunes filles, orphelinat privé, ouvroir, chapelle (1859) avec peintures du comte de Galembert, vaste domaine, faubourg Saint-Jacques, en Saint-Nicolas et aux lieux dits Tournemine, Bel-Air, Brionneau, les Gouronnières, l'Ile-Briand, etc., toutes terres d'une étendue de plus de 50 hectares et d'une valeur de 1,500,000 francs. L'ensemble forme la propriété de Nazareth. La maison d'Angers est la maison mère de l'Ordre.

Servantes des Pauvres : domaine, terres, jardin, chapelle, noviciat, aux Justices; maison de garde-malades, rue Saint-Eutrope.

Petites sœurs des pauvres, ordre fondé par Jeanne Jugan : vaste domaine, maisons, terres, jardin, chapelle, pension pour vieillards, à la Chalouère.

Petites sœurs de Saint-François d'Assises : domaine, maison de santé, chapelle, rue Chèvre; maison de garde-malades, rue Saint-Aignan.

Filles de la Charité de Saint-Vincent-de-Paule : surveillantes (60) à l'Hôpital général; ouvroir, école primaire, école d'asile, rue de la Harpe.

Filles de la Charité du Sacré-Cœur de Jésus, maison-mère à la Salle-de-Vihiers : pensionnat et école d'asile, place de la République; maisons, rue de la Blancheraie et rue du Volier.

Filles de la Sagesse, de Saint-Laurent-sur-Sèvres : pensionnat et école primaire, parvis Saint-Maurice.

Sœurs de Marie-Joseph, de la Pommeraye : maison et pension, rue du Volier.

Sœurs de Sainte-Anne de la Providence, maison-mère à

Saumur : domaine, pension civile, école d'asile, rue Saint-Léonard.

Sœurs de la Présentation, de Tours : vaste domaine, avec chapelle et asile de vieillards Saint-Nicolas ; orphelinat municipal de garçons.

Sœurs de l'Espérance, de Bordeaux : maison de santé, boulevard Daviers ; maison de garde-malades, chapelle, rue d'Alsace.

Sœur de l'Instruction chrétienne, de Saint-Gildas : pensionnat et externat, rue du Tertre.

Sœurs de Sainte-Marie, de Torfou : maison, chapelle, pensionnat et salle d'asile, rues Fulton et Eblé.

Religieuses Ursulines de Jésus, maison mère à Chavagnes (Vendée) : pension, jardin, chapelle, domaine de Bellefontaine, près du Mail ; pensionnat et externat, rue Toussaint.

Religieuses de l'Oratoire : domaine à la Maulévrie ; maison avec chapelle, rue Chevreul.

Servantes du Saint-Sacrement : pensionnat et chapelle, rue Cordelle et David.

Carmélites (vie contemplative), venues à Angers en 1729 ; couvent et chapelle du xviii° siècle, rue Lionnaise.

Religieuses de Notre-Dame des-Anges, dites « Dames rouges » à cause de leur costume : domaine, pensionnat, chapelle, rue de l'Esvière, près de la résidence d'été des évêques.

Sœurs de la Visitation (visitandines), fixées à Angers depuis 1635 : domaine de l'Image, maison, chapelle, pépinières, chemin de Frémur.

Sœurs de Saint-Joseph : ouvroir de la rue Fulton.

Séminaire. — Le 10 juin 1673, le logis Barrault (voir *Musée*), fut acquis par Joseph Lecerf pour l'installation d'un grand séminaire qui y resta jusqu'à la Révolution. En 1797, la place fut prise par l'Ecole centrale.

Redemandé par le Conseil général en l'an XII, le séminaire fut autorisé par décret du 17 avril 1806 et installé dans les bâtiments de l'ancienne abbaye Saint-Serge. Des travaux de réfection et d'agrandissement ont été effectués de 1839 à 1850. La chapelle a été construite vers 1864.

Le Grand-Séminaire, qui appartient à l'Etat, est dirigé par des prêtres oratoriens de Saint-Sulpice, sous la juridiction de l'évêque d'Angers.

Environ 30 ou 40 prêtres nouveaux en sortent chaque année.

— Le *Petit Séminaire* était jadis dans la rue Courte, face au Grand-Séminaire. Les services sont aujourd'hui à Mongazon, près Saint-Léonard, autrefois le Colombier, bâti vers 1830 et donné à l'Evêché en 1836 par l'abbé Loir-Mongazon. Le domaine comprend 7 hectares. Une chapelle y est annexée.

Le *Petit Mongazon*, aussi *Saint-Urbain*, est une succursale où se donnent l'enseignement secondaire spécial et l'enseignement primaire supérieur.

Ces deux établissements, qui appartiennent à l'évêché, sont dirigés par des prêtres..

Facultés catholiques; instruction. — Mgr l'évêque Freppel a créé, il y a une vingtaine d'années, un vaste établissement d'instruction supérieure que l'on appelle à Angers : l'Université.

Quatre facultés — de théologie, de droit, des lettres et des sciences — et des cours préparatoires au certificat d'études physiques, chimiques et naturelles y sont organisés. L'enseignement y est donné par des professeurs laïcs et des membres du clergé.

L'Hôtel des Facultés catholiques de l'Ouest est élevé au fond d'un vaste jardin d'agrément qui s'ouvre sur les rues Volney et Rabelais et, par une grille d'honneur, sur la place André-Leroy. Là, jadis, s'étendaient les immenses pépinières de l'horticulteur André Leroy.

— Aux Facultés s'annexe l'*Ecole des Hautes-Études Saint-Aubin*, sise sur l'esplanade du Bout-du-Monde.

— Il existe un établissement d'enseignement secondaire tenu par des prêtres : c'est l'*Externat Saint-Maurille*, sur le boulevard de Saumur. Tandis que Mongazon entretient les vocations sacerdotales, Saint-Maurille instruit en vue du monde.

Cercles catholiques, patronages. — Pour compléter ces brefs renseignements sur le culte et les œuvres catholiques, nous devons dire un mot des patronages.

Le plus important cercle catholique est celui qui, sous le titre de *Notre-Dame-des-Champs*, s'ouvre sur la promenade de la Baumette. Le jardin est magnifique, la maison parfaitement aménagée avec salles de jeux, théâtre, etc. Une chapelle y a été élevée en 1868.

Un autre cercle catholique a son siège près du Mail ; c'est la *Salle des Quinconces* : on y donne des concerts et des représentations théâtrales. Une chapelle a été également édifiée en ce lieu, où se tenait jadis un établissement de plaisir, les *Folies Angevines*. — Au cercle est annexé une société procurant des marchandises par abonnement, qui s'intitule : la *Fraternité Ouvrière*.

Un cercle catholique spécialement affecté aux militaires est situé rue Kellermann. Salle de récréation, bureaux, chapelle, bibliothèque.

Enfin d'autres cercles catholiques ou patronages sont établis : rue de la Chalouère, place de la Paix, rue de la Juiverie, rue Saint-Aignan, boulevard de Nantes, etc.

Temples protestants. — On trouve une colonie protestante établie à Angers dès 1843 ; ce n'est qu'en 1849 que le Conseil municipal leur accorda un Temple. Ce Temple est situé en face du Musée des Beaux-Arts.

C'est l'ancienne chapelle Saint-Eloi, édifice du xiie siècle, qui faisait autrefois partie du collège Saint-Eloi, dont les bâtiments, après avoir servi de caserne, de petit-séminaire, etc., ont été affectés à des cours municipaux. La chapelle Saint-Eloi renferma même l'école de dessin, et c'est sur les bancs qu'elle abritait que notre grand David a reçu ses premières leçons.

La consécration eut lieu le 20 octobre 1850. — Le service s'y célèbre le dimanche, à 10 h. du matin.

En 1857, le pasteur protestant refusa de baptiser un enfant en déclarant que « l'enfant serait baptisé plus tard, si, par la grâce de Dieu, il lui était donné d'arriver à la foi au Christ ». Le Consistoire de Nantes destitua le pasteur ; celui-ci, pour soutenir sa croyance, qui est celle des chrétiens baptistes, forma une église protestante non-subventionnée par l'Etat et pourvoyant elle-même au traitement de son ministre. Le temple, qui revendique le titre d'*Église évangélique*, est situé dans la rue Toussaint, non loin du Château.

Loges maçonniques. — *Le Tendre Accueil*. — Cette Loge fut fondée à Angers, en 1770, par des Bénédictins de l'abbaye de St-Maur-sur-Loire (vis-à-vis de La Ménitré), de concert avec les chanoines Vaillant de la Motte, Wiot, Bachelier (de la Cathédrale d'Angers), les chanoines Boulnoy et Terrien de l'Espinay ; Labry, Bourgeois ; Roberdeau, conseiller du Roi ; Joullain, ingénieur ; de Maury d'Argous, maître de camp de cavalerie ; Sauldubois de la Chalinière, ancien officier de marine ; etc. — Parmi les notabilités angevines qui firent ensuite partie de cette Loge maçonnique, on cite : le constituant Demazières, le conventionnel Jean-Marie Delaunay, le botaniste Merley de la Boulaie, le chanoine Daburon de Mantelon, le chanoine Brossier, Allard du Haut Plessis, fils d'un maire d'Angers ; Claude Falloux, maire d'Angers ; l'éditeur Mame, le grand industriel Joubert-Bonnaire, le docteur Garnier, médecin des pauvres ; le général Girardon, le général Delaage, etc., dont la plupart des noms ont été donnés à des rues et places de la Ville, en reconnaissance de services rendus à la Cité ou à la Patrie. — La Loge *Le Tendre Accueil* a aujourd'hui son siège, 12, rue Parcheminerie.

En 1809, plusieurs membres du *Tendre Accueil* constituèrent une autre loge maçonnique, qui comprenait, parmi ses membres, les F∴ de la Baurdonnaye, Gaspard de Contades, Girard de Charnacé, de Lozé, G. de Chemellier et autres notabilités angevines.

— *Travail et Perfection*. — Cette Loge maçonnique, fondée en 1858, a son siège rue des Cordeliers, 12bis.

Instruction Publique

Les choses de l'intelligence ont toujours été en honneur à Angers où l'on voit l'Université, célèbre dès la fin du ixe siècle, devenir, en 1229, l'école française par excellence, fréquentée au détriment de Paris, par un concours considérable d'étudiants.

Le local où était donné l'enseignement universitaire, s'appelait les Grandes-Ecoles, et s'élevait près de l'église Saint-Pierre, à l'endroit où est aujourd'hui le théâtre.

L'Université d'Angers, organisée régulièrement par l'évêque Ulger au xiie siècle, était divisée en quatre grands cours. La Faculté des Droits, dont l'importance grandissait des prérogatives du grand sénéchal de France, charge héréditaire dans la maison d'Anjou, se divisait en quatre chaires et avait son siège aux Grandes-Ecoles même. La Faculté de Théologie enseignait dans les cloîtres de la cathédrale; les examens se passaient dans la salle synodale de l'Evêché. La Faculté des Arts et la Faculté de Médecine se tenaient dans la Maison des Arts, place Saint-Martin.

Les étudiants se groupaient en six nations : Anjou, Bretagne, Maine, Normandie, Aquitaine, France.

Autour de l'Université vivaient des collèges qui servaient de lieux d'études et de logement aux écoliers : celui de la Porte-de-Fer, rue Tuliballe, fondé en 1031; celui de la Fromagerie, fondé en 1408 ; celui d'Anjou (1509); celui de Saint-Eloi, rue Courte, construit sur l'ancienne maison de campagne d'Ulger, et dont les bâtiments servent encore à l'instruction publique, et d'autres, nombreux, créés par des chanoines et des abbayes.

Il y a longtemps que rien n'existe plus des Grandes-Ecoles ni de leurs annexes, si ce n'est l'impérissable gloire d'avoir aidé à l'élévation intellectuelle de tant de sujets d'élite.

L'institution disparue a cédé la place à de plus modestes qui, pour briller d'un éclat moins vif parmi cette diffusion de l'instruction au milieu de laquelle se spécialiser devient difficile, n'en continuent pas moins, comme leur illustre devancière, à former des hommes éminents et des citoyens utiles.

Cours municipaux. — Les locaux de l'ancien collège Saint-Eloi, plus tard le Petit-Séminaire, furent concédés à une Ecole supérieure des sciences et des lettres, qui, organisée conformément aux décrets des 22 août 1854 et 7 juillet 1855 et à l'arrêté du 26 décembre 1854, fut ouverte le 7 février 1856. Ce sont actuellement les Cours municipaux du soir ; la Ville alloue une somme annuelle de 9.000 fr. à leur entretien.

Ces cours, publics et gratuits, ont lieu tous les soirs, pendant l'année scolaire. Il y est traité de littérature, philosophie, histoire, physique, chimie, histoire naturelle, anglais et allemand.

Lycée. — Rue du Lycée.

L'Ecole centrale, instituée dans chaque département, s'ouvrit à Angers en mars 1796. Installés d'abord dans le collège d'Anjou, les cours furent transférés l'année suivante au logis Barrault, dans les bâtiments de l'ancien Grand-Séminaire. L'Ecole centrale qui avait compté David d'Angers parmi ses élèves, fut transformée en lycée en 1804 et la Ville acquit, pour la nouvelle institution, les anciens bâtiments de la Rossignolerie où avaient été logés, au siècle précédent, le séminaire St-Charles d'abord et ensuite une pension de frères Ignorantins.

La chapelle (1782) a été restaurée en 1854 ; elle avait, antérieurement servi d'église à la paroisse St-Joseph. Le Petit-Lycée s'est élevé en 1864, en face du Lycée, sur l'emplacement de l'ancienne cure de St-Joseph.

Le Lycée reçut en 1886 le nom de Lycée David d'Angers.

La Ville entretient, moyennant différents legs, une vingtaine de boursiers externes et demi-pensionnaires.

Elie Sorin a publié en 1873, chez Barassé, une intéressante histoire du Lycée d'Angers.

Ecoles normales primaires. — Le projet d'une école normale d'instituteurs, dû à l'initiative du groupe angevin de la Société pour l'Instruction Élémentaire, fut approuvé par le Conseil municipal le 8 juillet 1829 et l'ouverture, autorisée par décision ministérielle du 11 août 1831, eut lieu le 23 décembre suivant. Les cours, installés d'abord sur le Champ-de-Mars, furent transférés en 1835 dans l'hôtel Labarre, rue de la Madeleine, acheté depuis par les dames Augustines, puis dans les bâtiments qu'elle occupe aujourd'hui (Enclos des Amandiers).

Ces bâtiments — 16, rue de la Juiverie — ont été aménagés pour elle en 1844-1845. Des agrandissements ont eu lieu à diverses époques. L'Ecole occupe actuellement une superficie d'environ deux hectares, comprise entre les rues de la Madeleine, Lebas et de la Juiverie. La chapelle, construite en 1874, en bordure de la rue Lebas, a été désaffectée en 1882, à la suite de la mesure établissant la neutralité religieuse des écoles normales et supprimant les aumôniers dans ces établissements.

L'école servait primitivement pour tout le ressort de l'ancienne Académie d'Angers : Maine-et-Loire, Sarthe et Mayenne. Depuis 1854, elle est uniquement départementale.

L'école normale d'instrutrices, créée en conséquence de la loi du 9 août 1879, obligeant les départements à entretenir une école normale pour chacun des sexes, a été ouverte en 1884. Elle est installée rue Dacier (Doutre) dans des locaux neufs et spacieux.

École de Médecine et de Pharmacie. — Boulevard Daviers, près de l'Hôpital.

Nous avons parlé ailleurs de la Faculté de Médecine de l'Université. — La *Société de Santé* recommença, en l'an IV, des cours dont l'un, celui de Chevreul, n'avait été interrompu que depuis l'an II. Six *Cours pratiques de médecine, de chirurgie et de pharmacie* furent institués, en mai 1807, près l'Hôpital. Un décret autorisa le titre d'*Ecole secondaire de Médecine*, le 18 mai 1820, et la réorganisation subit de nouvelles modifications en 1837, 1840 et 1854. Cependant, le Conseil général et le Conseil municipal ne cessaient de réclamer le rétablissement d'une Faculté.

Enfin, le décret du 26 juillet 1890 réorganisa l'*Ecole de Médecine et de Pharmacie* sur de plus larges bases, en lui reconnaissant notamment le droit de délivrer les inscriptions, les diplômes d'officier de santé, de pharmacien, de sage-femme et d'herboriste.

L'Ecole compte douze professeurs titulaires, six professeurs suppléants, quatre chefs de travaux et trois chefs de cliniques. Son entretien coûte annuellement 70,000 fr. à la Ville.

Peu d'écoles offrent un passé aussi riche en noms illustres : Billard (1800-1832); Béclard (1785-1825); Chevreul père (1753-1845); Chevreul fils (1786-1888); Bérard (1797-1858); Mirault (1754-1814); Ménière (1799-1862); Hourmann (1802-1841); Ollivier (1796-1845).

Celui-ci a légué à l'Ecole une rente perpétuelle de 656 fr. pour être affectée à l'achat annuel des ouvrages jugés utiles à l'instruction des élèves, et à une gratification qui ne peut être moindre du tiers de la rente, que reçoit chaque année l'interne chargé de surveiller le service de la Bibliothèque et d'en tenir un « catalogue raisonné ».

— Devant l'amphithéâtre, bâti en 1837, s'étend un vaste jardin botanique. — En 1896, l'Ecole a ramassé, par souscriptions recueillies à domicile, une somme assez élevée pour construire un *Laboratoire départemental de Bactériologie*, destiné à rendre de grands services à toute notre région, et plus particulièrement à nos jeunes médecins qui peuvent y puiser les connaissances indispensables actuellement pou s'initier à une science nouvelle dont Pasteur et ses illustres disciples ont été les devanciers.

Ecole des Arts-et-Métiers. — Place Larochefoucauld-Liancourt.

L'Ecole d'Arts-et-Métiers, créée à Beaupréau en 1804, et chassée de cette ville par un vieux reste de chouanerie, a été transférée à Angers par arrêté préfectoral du 13 mai 1815 et installée dans les bâtiments de l'ancienne abbaye du Ronceray.

Ses œuvres ont figuré avec succès aux expositions de Paris dès 1834 et d'Angers 1839 (médailles d'argent et d'or).

La réfection complète des bâtiments a été commencée en 1841. L'installation des ateliers, parfaitement outillés, comprend, à droite, trois corps de bâtiments : 1° l'ajustage et la menuiserie ; 2° les forges ; 3° la fonderie. Les dortoirs, les classes, le réfectoire, l'infirmerie, sont établis dans les bâtiments de l'abbaye. La chapelle, restaurée, se trouve dans l'ancienne nef du Ronceray (voir : *Fragments du Passé*).

On sait que les Ecoles d'Arts-et-Métiers sont au nombre de quatre en France : Angers, Aix, Châlons-sur-Marne et Lille. Chacune d'elles compte trois cents internes. La limite d'âge pour l'admission est de dix-sept ans.

Le but de ces Ecoles est de former des ouvriers capables de devenir des chefs d'atelier et des industriels versés dans la pratique des arts mécaniques. Les épreuves d'admission ont lieu tous les ans. A part les épreuves écrites, les candidats subissent une épreuve manuelle sous les yeux de la Commission : ils ont à exécuter, à leur choix, une pièce de fer ou une pièce de bois conforme à un dessin coté qui leur est remis.

On compte tous les ans une moyenne de 450 candidats sur lesquels on reçoit 100 internes et de 13 à 15 externes. Toutes les écoles manuelles d'apprentissage préparatoires à l'industrie et toutes les autres écoles primaires supérieures professionnelles préparent aux Ecoles d'Arts-et-Métiers, soit d'une manière régulière, soit lorsque des candidats se présentent.

Les élèves portent un uniforme ; on compte dix élèves gradés par division : un sergent-major, un sergent-fourrier, quatre sergents et quatre caporaux. L'internat est de 600 francs par an, sans compter 300 francs de trousseau, 75 francs pour la masse d'entretien et 30 francs pour fournitures d'instruments et objets de dessin. L'externat est gratuit.

L'Etat accorde des bourses et des fractions de bourse, ainsi que des dégrèvements aux élèves nécessiteux. En outre, cinq bourses avec trousseaux sont, tous les ans, accordées aux élèves les plus méritants par le Ministre de

Commerce. En somme, le nombre des boursiers s'élève à 80 0/0 environ de l'effectif total des élèves.

Après trois ans d'études, un examen de sortie octroie les brevets. L'élève sortant avec le n° 1 reçoit une médaille d'or; ceux qui ont obtenu une moyenne au moins égale à 15 reçoivent une médaille d'argent. Lorsque les médaillés, à la sortie de l'Ecole, entrent dans un atelier, il leur est alloué, au bout d'une année, une indemnité de 500 francs.

Un élève de l'Ecole des Arts-et-Métiers, muni de son brevet, trouve devant lui plusieurs carrières ouvertes : chemins de fer, ponts-et-chaussées, génie militaire, mécanicien de l'Etat ou des grandes Compagnies industrielles, etc. En outre, l'Etat affecte 30.000 francs par an aux bourses destinées à faciliter l'admission de ces élèves à l'Ecole centrale.

Les élèves des Ecoles d'arts et métiers ayant obtenu pendant le temps de leur scolarité un minimum de 63 0/0 sur le total maximum des points sont dispensés de deux années de service militaire.

Depuis une dizaine d'années, l'Ecole des Arts-et-Métiers d'Angers, logée trop à l'étroit, cherche à s'agrandir du côté du Tertre, derrière le Musée Saint-Jean.

Ecole régionale des Beaux-Arts. — Rue des Poêliers fut ouverte, en janvier 1769, une *Académie de dessin* fondée par les frères Coulet de Beauregard que la ville subventionna et qui attirait à ses cours quantité d'ouvriers. Une *Ecole municipale de Dessin* ouvrit en novembre 1805, au logis Barrault ; elle fut transférée en 1812 dans la chapelle Saint-Eloi Parmi ses élèves ont figuré notre grand sculpteur David, les sculpteurs Taluet, Arnaud, Roux, le peintre Lenepveu, les architectes Moll et Rohard, etc.

Transportée en 1849 dans l'une des salles voisines du petit-séminaire, l'Ecole municipale de dessin a pris le titre, le 29 juin 1885, d'*Ecole régionale des Beaux-Arts*. La Ville et le département y choisissent les boursiers dont les vocations remarquables sont ensuite entretenues à l'Ecole nationale des Beaux-Arts de Paris.

L'école régionale des Beaux-Arts est divisée en trois sections. Beaux-Arts : cours de dessin, peinture et modelage ; cours de dessin d'imitation ; cours d'architecture, perspective et histoire de l'art monumental ; cours d'anatomie. Cours professionnels : dessin linéaire et géométrie descriptive appliquée à la mécanique. Stéréotomie : cours de trait de menuiserie; cours de trait de charpente; cours de coupe de pierre.

— Un cours élémentaire de dessin a lieu, en outre, deux fois par semaine, à l'hôtel des Pénitentes, boulevard Descazeaux.

Un autre cours de dessin pour les jeunes filles est professé dans une des salles de la cour d'appel.

Ecole Municipale de Musique. — Dès 1726, il était question, au Conseil de Ville, de la fondation d'une Académie de musique et l'idée était accueillie avec enthousiasme; mais elle ne paraît pas avoir été mise en pratique. En 1805, en 1812, 1824, 1835, 1840, nouvelles tentatives, qui n'ont laissé que peu de traces.

Le 30 juillet 1857, le Conseil municipal accorda une subvention de 3 000 fr., qui fut portée à 5.000 fr. en 1861, à M. Charles Hetzel, professeur de musique à Angers.

Les cours avaient lieu dans la *Maison des Arts*, place Saint-Martin; ils comprenaient le solfège, le chant, les divers instruments de musique et l'harmonie. Le *Conservatoire* donnait chaque mois des concerts très suivis où l'on entendit: Romagnesi, Baudiot, Lafont, Ernst, Brod, Franchomme, et autres célébrités. M. Hetzel ayant quitté Angers en 1866, la fondation tomba.

Cependant le besoin d'un établissement de ce genre se faisait vivement sentir, et le 29 octobre 1890, le Conseil municipal, cédant aux goûts artistiques de la ville, votait la création de l'*Ecole municipale de musique*, l'installait dans un immeuble appartenant à la ville, rue de la Roë, il assurait son existence par des crédits suffisants.

L'école est ouverte du mois de novembre au mois de mai de chaque année et comprend douze cours pour garçons et pour jeunes filles : le solfège, les instruments, le chant et la diction.

Il est regrettable cependant qu'un local plus convenable et mieux approprié aux besoins d'une école de musique, n'ait pas été mis à la disposition de ce véritable conservatoire, pépinière d'excellents musiciens pour notre ville d'Angers.

Ecole primaire supérieure. — C'est en 1839 que le Conseil municipal créa l'Ecole primaire supérieure ; les cours, comprenant trois années d'études, étaient installés dans les salles du logis Barrault.

En 1844, l'établissement municipal fut réuni à une pension primaire que dirigeait M. Chevrolier — dont elle a conservé le nom — et qui était établie à la Godeline, dans un ancien hôtel-de-ville, où elle est d'ailleurs encore aujourd'hui : 73, rue Plantagenet.

On y prépare les jeunes gens qui se destinent à l'industrie, au commerce et à l'agriculture. Des cours spéciaux et des ateliers préparatoires y sont réservés pour les élèves qui veulent passer l'examen des Écoles d'Arts-et-Métiers.

L'école primaire supérieure, logée dans des locaux insuffisants, doit être transférée à la caserne de l'Académie, lorsque la ville aura terminé la construction de la caserne de la Brisepotière qu'elle destine à son régiment de ligne.

— Il n'existe, à Angers, aucune école primaire supérieure *publique* de filles. Néanmoins, il convient de citer le pensionnat Biotteau-Chevrollier, 2, rue Saint-Evroult, et le pensionnat Poisneau, 2, rue de Paris, où l'Etat et la Ville entretiennent des boursières.

Ecoles primaires. — Le nombre des écoles primaires communales d'Angers est de 13 pour les garçons et de 12 pour les filles, en y comprenant les deux orphelinats municipaux.

Les établissements sont situés : pour les garçons, rue des Cordeliers, rue Bodinier, boulevard de Laval, rue Victor-Hugo, place Grégoire-Bordillon, rue Condorcet, rue Saumuroise, rue Saint-Léonard, rue de la Madeleine, faubourg Saint-Michel, rue de la Blancheraie et Tertre Saint-Laurent ; à part les trois derniers, tous sont des groupes scolaires comprenant également des écoles de filles ; deux autres écoles de filles sont ouvertes, rue de Bouillou et cour Saint-Laud.

Le soir, des cours y sont faits pour les adultes.

Neuf écoles maternelles fonctionnent en outre : rue du Saint-Esprit, aux Justices, rue Saint-Joseph, rue de Bouillou, rue Victor-Hugo, rue Parcheminerie, rue Saint-Laud, rue Saint-Léonard, rue Condorcet.

— L'instruction se donne en outre dans les écoles et établissements, appartenant au clergé, que nous avons déjà cités (voir : *Cultes*) et dans plusieurs autres institutions privées.

Enfin, à cette rapide nomenclature, il convient d'ajouter : une *Ecole de Notariat*, fondée il y a quelques années, boulevard du Roi-René, et des *Cours d'arboriculture, horticulture* et *viticulture* qui fonctionnent au *Jardin Fruitier* tous les dimanches.

La Bienfaisance

Le 14 octobre 1560, en assemblée des Etats d'Angers, François Grimaudet, avocat du roi, prononça une harangue, restée célèbre, dans laquelle était tout particulièrement signalée la misère de « ce pauvre Bonhomme » de peuple. A l'en croire, il existait alors à Angers 10 ou 15 hôpitaux ou aumôneries « pour les pauvres passants, pour les vieilles gens, pour les aveugles, pour les malades et langoureux ».

Mais, ainsi que le fait remarquer M. Port, ce n'étaient que de simples refuges où les premiers soins même manquaient. De ce genre étaient la Madeleine (xve siècle) et Saint-Lazare (xiie siècle) pour les ladres ; Saint-Sauveur (rue Hanneloup), où avaient accès les pèlerins arrivés trop tard aux portes de la ville, et Saint-Sauveur (rue Bressigny), où trouvaient accueil les pauvres attardés en dehors des fortifications.

Auparavant encore, on trouve une aumônerie à l'endroit qui vit se bâtir l'abbaye Toussaint ; une autre (viie siècle), sous le vocable de Saint-Saturnin, sur l'emplacement où s'édifia ensuite Saint-Maimbœuf.

En 1493, l'abbesse du Ronceray céda la maison du Saint-Esprit (rue Descartes ; — détruite en 1868) à un hospitalier du Temple, à charge d'y recueillir les enfants abandonnés à l'âge de 6 à 9 ans.

En 1314, Jean Duboys, évêque de Dol, fonda près de Saint-Michel-du-Tertre, un asile pour 4 aveugles et 9 pauvres.

En 1346, un citoyen d'Angers, Guillaume Fils-de-Prêtre, légua ses biens à la création d'une Maison-Dieu dans sa maison de la Forêt qui, après les guerres du xve siècle, devint l'hôpital général ou des Renfermés, où en 1780 étaient hospitalisés jusqu'à 600 pauvres.

La construction de l'Hôpital Saint-Jean (voir *Beaux-Arts*) est attribuée au sénéchal Etienne de Marchay par l'adresse d'une bulle du pape Alexandre III (1181). L'aumônerie, où le même lit servait à deux ou trois malades, recevait tous les pauvres, hormis les Incurables.

Ceux-ci : lépreux, ardents, aveugles, paralytiques, etc., eurent pour bienfaiteurs, Marguerite de Gondy, duchesse de Brissac et de Beaupréau (1668), et son fils Henri-Albert de Cossé (1671); puis Thérèse Paulmier, Olivier Gallard et Marie de Briquemault (1734). Grâce à leurs largesses, une maison de charité fut installée à Lévière, où l'on soigna d'abord 80 pauvres, puis 120, puis 214.

Mais tous les pauvres — il y en a toujours eu beaucoup à Angers — ne pouvaient trouver asile dans ces différentes fondations; il fallait limiter la bienfaisance aux revenus. Il appartenait à notre siècle, qui a organisé l'Assistance publique, d'étendre les bienfaits de la philanthropie à tous ceux qui souffrent, sans exception et sans parcimonie.

Hospice Sainte-Marie. — Le 27 avril 1838, la Commission administrative des Hospices décida l'acquisition de l'enclos Belle-Fontaine pour y construire un nouvel hôpital. Moll, architecte angevin, exécuta les plans. Le 29 juillet 1849, le président de la République et quatre ministres vinrent solennellement poser la première pierre. Le 30 novembre 1854, l'inauguration eut lieu en grande cérémonie.

Le Conseil municipal avait subventionné l'œuvre d'une allocation de 50 000 francs. En 1860, la Ville fournit encore 75.000 francs pour réunir à Sainte-Marie tous les services hospitaliers, avec en outre l'Ecole de Médecine et de Pharmacie. Les travaux furent terminés en 1865, ayant coûté plus de trois millions.

Le 15 décembre 1865, tous les malades, tant ceux de l'hôpital civil que les militaires et les femmes de la Maternité furent recueillis à l'Hospice Sainte-Marie.

On y compte environ 1.500 lits.

L'hôpital, administré par une commission nommée mi-partie par le Conseil municipal et mi-partie par le préfet (5 membres) et présidée par le maire, est desservi par des sœurs de Saint-Vincent-de-Paul.

La chapelle, placée au centre des quatre grands bâtiments distribués en salles et services distincts, la chapelle, dont la coupole dorée rayonne comme une couronne sur ce palais de bienfaisance admirable, a été décorée grâce aux largesses du peintre Bodinier par trois artistes angevins, MM. Lenepveu, Dauban et Appert qui l'ont ornée de fresques remarquables. Citons : l'*Assistance à l'Enfance*, l'*Assistance à la Vieillesse* et la *Vierge consolatrice des Affligés* d'Eugène Appert ; — le *Christ en Croix*, l'*Education* et la *Mort de la Vierge*, les quatre *Evangélistes*, et les saints qui embellissent les pendentifs de la coupole, de M. Dauban ; — le *Portement de Croix*, l'*Annonciation*, la *Présentation au Temple*, et la *Bénédiction de la Chapelle*, de M. Lenepveu.

Les Hospices d'Angers ne se contentent pas de donner asile aux indigents malades ; on y recueille également les vieillards, qui y sont hospitalisés au nombre d'environ 700. Ces pensionnaires de l'Hospice ont une journée de sortie par semaine : le dimanche.

Quant aux malades, les membres de leurs familles sont admis à les visiter le jeudi et le dimanche, de 1 heure à 4 heures de l'après-midi.

Bureau de bienfaisance. — Dans la cour de l'Hôtel-de-Ville, à gauche en entrant.

A un Bureau de Secours, établi en 1791, succéda, en vertu de la loi du 7 frimaire an V, le bureau de bienfaisance actuel, administré par une Commission dont la composition, réglée par l'arrêté municipal du 5 nivôse suivant, fut modifiée plusieurs fois par la suite. Le Bureau de bienfaisance est actuellement administré par une commission de 6 membres, nommés mi-partie par le préfet et mi-partie par le Conseil municipal et présidée par le maire.

L'œuvre a, dans chaque quartier, une ou plusieurs dames de charité qui s'entremettent entre les pauvres et le Bureau, font des enquêtes, distribuent les secours.

Les revenus annuels, s'élevant à 60,000 francs à peine, sont répartis entre plus de 6,000 pauvres sous forme de bons de pain, de viande et de bois. De plus, les indigents malades peuvent consulter gratuitement le médecin et, munis d'ordonnances, recevoir les remèdes qu'exige leur état dans deux dispensaires ouverts tous les jours : l'un rue Saint-Blaise (rive gauche) et l'autre chemin du Silence (rive droite), tenus tous les deux par des religieuses de Saint-Charles.

Dans les hivers rigoureux, ou pendant les semaines de chômage, des allocations du Conseil municipal, des souscriptions publiques, des quêtes extraordinaires permettent au Bureau de bienfaisance de distribuer gratuitement ou à prix réduit des soupes et des portions alimentaires aux ouvriers dénués d'autres ressources.

La Bienfaisance, à Angers, s'exerce encore sous une autre forme, et il nous paraît intéressant de signaler : 1° le legs Piogé, donnant une rente annuelle de 107 fr. à la salle d'asile du faubourg Saint-Michel ; 2° le legs Orge, rente de 123 fr. pour être employée en distribution d'aliments aux enfants pauvres des écoles communales ; 3° le legs Duvêtre et Turpin-Duvêtre, rente de 12,453 fr. employée à la création de bourses et de demi-bourses dans les établissements d'instruction ; 4° le legs Pitre-Merlaud, 2,269 fr. de rente affectés à l'instruction des enfants de la commune ; 5° legs Guilhem, 500 fr. de rente dont le montant devra être délivré, le 25 juin de chaque année, par le premier magistrat de la Ville, sous la dénomination de *dot Guilhem*, à la jeune fille (de préférence à la fille d'un marin de l'État), qui, travaillant pour vivre dans une fabrique, usine ou atelier de la commune d'Angers, l'aura méritée par sa bonne conduite ; puis le legs Nicolle, le legs Renou, et d'autres encore : la série s'en augmente assez souvent.

Le Bureau de Bienfaisance d'Angers est ouvert tous les jours, de 10 h. à 4 h.

Asile de vieillards. — Sitôt paru, le décret du 5 juillet 1808, ordonnant la création d'un Dépôt de Mendicité au chef-lieu de chaque département, l'Administration désigna pour cet objet l'abbaye Saint-Nicolas. Mais ce n'est qu'en 1830 que l'initiative privée (les vagabonds et les mendiants ont toujours afflué, à Angers), parvint, grâce à une souscription publique (1,399 signatures) à réaliser cet intéressant projet. Ouvert le 1er octobre 1831, dans l'abbaye désignée, concédée par le Département, l'asile devint, le 1er janvier 1841, établissement communal. Il contient de 120 à 130 mendiants des deux sexes.

Il y a quelques années, le Dépôt de Mendicité fut transféré au Mans, moyennant une allocation annuelle du Département, et à la place, la Ville institua un asile public de vieillards avec la contribution du Conseil général, qui y entretient annuellement 40 lits.

Divers legs, s'élevant ensemble à près de 40.000 francs, ont été faits à l'Asile de vieillards de Saint-Nicolas.

Ce refuge est desservi par des sœurs hospitalières de la Présentation, de Tours, et administré par une Commission municipale de sept membres.

Mont-de-Piété. — Fondé, le 17 juin 1684, par l'évêque Henri Arnauld, qui donna dans ce but 4.000 livres à la Maison des Pénitentes, le Mont-de-Piété d'Angers se transporta plus tard dans un local de la cour des Tourelles dont il fit l'acquisition le 25 février 1723 et qu'il occupe encore aujourd'hui.

Il a reçu, depuis sa fondation, un assez grand nombre de dons et legs. — Son but, on le sait, est de venir en aide aux indigents en prêtant, sans intérêts, sur gages mobiliers. Les prêts ont lieu pour un an, le maximum est de 50 fr. Seuls les habitants de cette commune sont admis à emprunter.

Le Mont-de-Piété est administré par une Commission composée de 10 membres, y compris le maire d'Angers qui la préside.

Le bureau est ouvert tous les jours, de 10 heures à 2 h. ; le jeudi, de 10 h. à midi, pour dégager.

Caisse d'épargne. — 7, rue Grandet.

Organisé par un comité de 18 particuliers qui se forma le 16 février 1832, encouragé par la ville d'une allocation de 4 000 fr. le 23 mai 1833, approuvé par une ordonnance royale le 23 octobre 1836, cet utile établissement s'est installé le 24 juin 1857 dans l'hôtel qu'il occupe encore aujourd'hui.

Les bureaux sont ouverts le samedi et le dimanche, de 11 heures à 2 heures, et les jours de foire, de midi à 2 h.

La Mutualité. — La première société de secours mutuels autorisée à Angers date de 1833 ; la seconde, de 1834 ; onze s'organisèrent de 1840 à 1852 ; vingt-sept de 1852 à

1866. Il en existe actuellement de soixante à soixante-dix comprenant près de 10.000 membres participants.

Les sociétés de secours mutuels de la ville d'Angers sont confédérées en une *Union* (fondée en 1883, la deuxième de France), annexée d'un *syndicat consultatif*, qui dispose d'une bibliothèque et d'un dispensaire ; l'une et l'autre sont établis dans les bâtiments communaux de la rue Courte.

A cette *Union* adhèrent environ une cinquantaine de sociétés mutualistes.

Au Dispensaire peuvent adhérer tous les mutualistes angevins moyennant un droit d'entrée fixée à 1 fr. 50 et une cotisation annuelle de 50 centimes. En retour, le Dispensaire fournit à ses membres les objets utiles en cas de maladie, tels que fauteuils, baignoires, literie, etc., et des livres composant sa bibliothèque.

Les mutualistes jouissent en outre de différents avantages : réduction de prix sur les médicaments, les bains, les convois funèbres, etc.

Les sociétés mutualistes entretiennent, en outre, une caisse d'orphelinat.

Sapeurs-Pompiers. — La compagnie des sapeurs-pompiers d'Angers a été organisée, près la Garde-Nationale, par décret et règlement du 13 août 1831. Elle comprenait, au début, un capitaine, deux lieutenants, deux sous-lieutenants, 8 sergents, 10 caporaux et 85 pompiers et 2 tambours. Les 6 pompes étaient casernées : à l'Hôtel-de-Ville ; aux Halles ; à la Préfecture ; rue Courte ; rue de la Censerie ; rue des Pénitentes, — soit 4 pour la rive gauche et 2 pour la Doutre. 2 sapeurs-pompiers étaient de garde la nuit, au poste des ponts.

Aujourd'hui cette compagnie comprend : 16 caporaux, 8 sergents, 1 sergent-major, 1 sergent-fourrier, 2 sous-lieutenants, 2 lieutenants, 1 capitaine et un capitaine-commandant.

Deux autres pompes sont installées, l'une à la Poissonnerie, l'autre au Théâtre.

Bourse du Travail. — Place des Halles, dans les bâtiments de l'ancienne Cour d'appel.

Fondée le 18 mars 1892, par le Conseil municipal, inaugurée le 20 avril suivant, la Bourse du Travail a un double but : d'abord grouper les syndicats corporatifs pour la défense des intérêts et l'amélioration du sort des classes ouvrières ; ensuite placer les travailleurs qui manquent d'ouvrage, leur venir en aide avec les ressources de sa caisse de chômage, et secourir les ouvriers passants.

27 syndidats ouvriers adhèrent aux statuts de la Bourse du Travail.

La Bourse donne, dans sa salle des Fêtes, plusieurs fois par an, avec le concours d'amateurs, des concerts-tombolas, dont le produit alimente sa caisse, avec les subventions du Conseil municipal et les cotisations des adhérents.

Sur 676 placements gratuits opérés en 1895, 241 s'appliquent à la ville d'Angers, 379 aux autres communes du département, 12 dans les départements voisins.

— L'hiver, le Conseil annexe à la Bourse un *asile de nuit* pour les indigents sans foyer, et, quand la saison est rigoureuse, des *ateliers de charité* dans lesquels sont embauchés les ouvriers sans travail et sans ressources.

Orphelinats municipaux. — L'administration municipale a établi, en 1874, dans l'ancienne maternité de l'hôpital Saint-Jean, boulevard Daviers, un orphelinat municipal de garçons où sont recueillis quatre-vingt-dix enfants.

L'asile est tenu par des sœurs ; un instituteur fait la classe aux pauvres orphelins qui reçoivent en outre un apprentissage professionnel en rapport avec leurs aptitudes.

L'orphelinat municipal de filles, rue Vauvert, compte 65 enfants ; il a été fondé et est entretenu grâce au généreux legs de Mme Girault-Lesourd (7.382 fr. de rente, acte du 18 janvier 1886), et par différents philanthropes ayant suivi son exemple.

Sourds-Muets. — L'institution des Sourds-Muets fut fondée à Angers en 1777, par une maîtresse de pension, Mlle Charlotte-Jacquine Blouin, qui était allée à Paris étudier la méthode de l'abbé de l'Epée.

Subventionnés par Necker en 1781 et en 1782 par Duclusel, les cours furent transférés plus tard à l'abbaye de Saint-Nicolas.

Par arrêté ministériel du 13 décembre 1814, 12 déparements furent admis à y entretenir chacun deux élèves : la Sarthe, la Mayenne, la Loire-Inférieure, l'Ille-et-Vilaine, la Vendée, les Deux-Sèvres, la Vienne, l'Indre-et-Loire, le Loir-et-Cher, l'Orne, la Manche et le Calvados. Le Maine-et-Loire y entretient aussi dix-huit boursiers. En outre, des pensionnaires y sont admis de gré à gré.

Les études y durent six ans. Elles consistent dans le langage des gestes, l'instruction primaire, et des cours professionnels.

Successivement transférée de St-Nicolas dans différentes maisons, et après avoir été dirigée par la famille Blouin, l'institution des Sourds-Muets a été abandonnée aux sœurs de Sainte-Marie, qui lui ont construit un bâtiment spécial dans leur vaste domaine de la Forêt.

Les Jeunes Aveugles. — Mlle Mullot, dirigeant à Angers un pensionnat de jeunes filles, était en communication avec des professeurs de musique frappés de cécité. La difficulté de ces malheureux infirmes à correspondre avec les voyants par l'écriture lui suggéra un ingénieux procédé stylographique.

Grâce à ce guide, les aveugles non seulement correspondent entre eux ; mais même ils écrivent, en relief, de la même façon que tout le monde. La méthode a donné lieu à de nombreuses et intéressantes discussions. Le Braille, officiel, refuse de se laisser déposséder, mais de nombreux philanthropes se sont prononcés pour le guide Mullot, grâce auquel l'âme des aveugles n'est plus murée et s'évade au fil de l'écriture.

En 1886, Mlle Mullot fonda une école pour l'application pratique de ses théories. Les débuts lui furent durs, comme ils sont à tous les chercheurs de *mieux* qui troublent dans la jouissance routinière des méthodes toutes créées les personnages officiels. Mais la courageuse maîtresse ne se rebuta pas, et le succès est venu lui donner raison. Plusieurs de ses élèves ont pu subir avec honneur des examens communs aux voyants : certificat d'études, brevet, baccalauréat... Ces résultats prouvant l'excellence de la méthode, ont poussé le Conseil général à voter des bourses pour l'École d'aveugles, et d'autres départements ont suivi l'exemple.

Depuis 1892, l'école Mullot, qui compte aujourd'hui une cinquantaine d'élèves, a été transférée à la Haie-aux-Bonshommes, en Avrillé, — où était jadis un prieuré dépendant de l'abbaye de Grandmont.

On y reçoit des pensionnaires libres.

— Il existe encore d'autres institutions de bienfaisance à Angers : une *Société de Saint Vincent-de-Paul*, fondée en 1839, dissoute en 1862, reconstituée en 1868. qui comprend deux conférences paroissiales, Saint-Maurice et la Trinité ; — une *Société de charité maternelle*, fondée en 1838 sur le modèle de cette œuvre qui date de 1786, et dont le but est de venir en aide aux mères indigentes et de préserver les orphelins de la misère ; — puis des *crèches*, des *ouvroirs* que dirigent des religieuses ; des *écoles maternelles* où les femmes appartenant aux classes laborieuses peuvent mettre leurs enfants en pension chaque jour pendant leurs heures de travail ; des *fourneaux alimentaires* pour les enfants pauvres des écoles communales ; des locaux où les *mères* hébergent et placent les différentes catégories de *compagnons* ; un *patronage de condamnés libérés* qui aide les jeunes détenus corrigés à rentrer dans la vie sociale ; une société des *Sauveteurs angevins* ; etc., etc.

Lettres, Sciences et Arts

Les renseignements succincts que nous donnons d'autre part tant sur les monuments que sur l'instruction indiquent que la ville du roi René a été constamment travaillée, même au milieu des ennuis des guerres, par un grand souci des choses de l'intelligence et justifient suffisamment son renom de cité artistique.

Les gloires ne manquent pas à l'Anjou. Aux noms que nous avons précédemment cités (voir : *Ecole de Médecine* et *Ecole des Beaux-Arts*), il faut ajouter ceux de Joachim du Bellay, l'un des poètes illustres de la Pléiade ; Gilles Ménage, le précepteur de Mme de Sévigné, l'adversaire de Chapelain, le poète de *Luverna*, le *Vadius* des *Femmes Savantes* de Molière ; Jean Bodin, l'auteur de la *République* et de la *Démonomanie* ; Jean Balue, cardinal et protonotaire du Saint-Siège qui, emprisonné au château d'Angers par Louis XI, y composa cette jolie prose, le *Gloria laus* qui se chante au dimanche de Pâques-fleuries ; Jean Bouré, fils d'un cordonnier de Bourg, qui devint ministre de Louis XI ; le jurisconsulte René Chopin ; les évêques Ulger, Henri Arnauld, Geoffroy de Tours, Freppel ; le chroniqueur Bourdigné ; les botanistes Merlet-Laboulaye, Guépin, Laréveillère-Lepaux ; le philosophe Volney ; le chimiste Proust ; le gentil poète Charles Dovalle, et tant d'autres dont la brillante théorie, en tête de laquelle marche David d'Angers, se continue et s'augmente de nos jours.

C'est tout un livre qu'il faudrait écrire, si l'on voulait étudier, avec l'intérêt que comporte le sujet, l'histoire des Lettres, des Sciences et des Arts à Angers, et si l'on voulait signaler les chefs-d'œuvre de nos collections angevines, les volumes rares de nos bibliothèques, les études savantes de nos archéologues, les découvertes de nos inventeurs.

Un art entre tous est en particulier en honneur parmi les Angevins : c'est la musique.

En décembre 1819, une lettre du ministre rappelait au Préfet et au Conseil les goûts artistiques de la ville, où avait fleuri autrefois l'enseignement de la musique. Que de fois, depuis, notre cité a-t-elle eu à cœur de mériter ce nom de « ville philharmonique » dont on s'est plu souvent à la gratifier.

Rappelons que le 17 mai 1850, un train de plaisir emmenait en deux convois 1.320 angevins à Paris entendre le *Prophète* chanté par l'Alboni.

Depuis on a trouvé plus facile de faire venir à Angers les célébrités de la musique. On peut dire qu'elles s'y sont produites presque toutes. Nous avons cité plus haut les concerts organisés par Hetzel. Nous avons consacré un souvenir non moins reconnaissant à ceux de l'*Association artistique*, qui, ces dernières années, attira à la salle du Cirque tout ce que l'Europe compte de maîtres et de dillettanti.

Archives départementales. — A la Préfecture.

Lorsque la Révolution supprima les congrégations et confisqua leurs biens, il fut créé des bibliothèques avec leurs livres et des archives avec leurs documents. La collection des archives d'Angers est l'une des plus riches et des plus intéressantes que l'on puisse consulter.

Installées à la Préfecture, les Archives départementales occupent l'ancienne sacristie et l'ancienne salle capitulaire de l'abbaye Saint-Aubin.

Tout ce qui touche de près ou de loin à l'administration depuis 1789 s'y trouve conservé en un dépôt complet qui s'accroît chaque jour.

Les archives anciennes se subdivisent en archives civiles et archives ecclésiastiques. 150 cartons environ contiennent les pièces relatives à l'ancien Anjou, depuis l'apanage jusqu'à l'organisation des municipalités. Plus de 7.000 pièces se rattachent à l'inventaire de la féodalité territoriale ; il faut y ajouter 400 cartons renfermant les dossiers des diverses familles qui ont vécu en Anjou. Les autographes de personnages illustres : rois, princes, savants, artistes, y fourmillent. Les archives ecclésiastiques sont plus riches encore.

En plus de 800 cartons provenant des chapitres d'Angers, et des 500 liasses des fabriques d'Anjou, il convient de citer des chârtriers complets comme ceux de Saint-Florent et de Fontevrault, dont les prieurés, parsemant la France entière, s'étaient avancés jusqu'en Espagne et en Grande-Bretagne. 600 volumes, provenant des archives de l'ancien hôpital Saint-Jean y sont aussi conservés.

Les Archives départementales sont ouvertes tous les jours, de 10 heures à 4 heures.

Il existe aussi à la Mairie, un dépôt d'Archives municipales intéressant à consulter. S'y présenter de midi à 5 heures tous les jours hormis le dimanche.

Bibliothèque publique. — Au Musée.

Dès 1692, on voit le Conseil de Ville voter des fonds pour la formation d'une Bibliothèque publique « qui serait une très grande décoration pour cette ville et d'une fort grande utilité »; mais le projet n'aboutit pas.

La Bibliothèque, formée à la Révolution, se composait des volumes saisis nationalement et de la collection du financier ruiné Blanchard de Pégon, qu'avait acquise la Ville. Elle fut installée à Saint-Martin, puis à l'Evêché, et enfin, en 1805, au logis Barrault, où, après être restée longtemps dans une salle provisoire, elle est définitivement aménagée depuis 1849. Des dons et des acquisitions l'ont considérablement enrichie.

La Bibliothèque renfermait, en 1895, 56,624 volumes ainsi répartis : manuscrits, 1.933 ; histoire, 27,784 ; sciences et arts, 10,249 ; belles-lettres, 8,726 ; théologie, 4,402 ; jurisprudence, 3,350. Signalons y les manuscrits autographes des *Harmonies* de Lamartine, des *Fables* de Viennet, et du préambule de *Paul et Virginie*, de Bernardin de Saint-Pierre. Un cabinet spécial renferme, avec les manuscrits, la magnifique bibliothèque botaniste et les riches herbiers légués par le docteur Guépin.

La Bibliothèque est ouverte : le dimanche, de midi à 4 h. ; les autres jours, le lundi excepté, de 10 h. du matin à 4 h. du soir. Le prêt en dehors est autorisé, mais seulement en faveur des professeurs d'enseignement supérieur et secondaire.

— Trois bibliothèques populaires existent en outre :

La première, rue des Cordeliers (6,000 volumes), ouverte

le dimanche, de 10 h. à midi, le lundi et le mercredi, de
7 h. 1/2 à 9 h. du soir, pour le prêt des livres, et tous les
soirs, dimanche excepté, de 7 h. 1/2 à 9 h. pour la lecture
sur place ;

La deuxième, boulevard Descazeaux (4,500 volumes), et
la troisième, rue Condorcet (3,500 volumes), ouvertes pour
le prêt des livres, le lundi, mercredi et vendredi, de 7 h. 1/2
à 9 h. du soir, et le dimanche de 10 h. à midi.

Musée de peinture, de sculpture et d'histoire naturelle; logis Barrault. — Rue du Musée.

Comme la création des Archives et des Bibliothèques,
celle des Musées est due à la Révolution. Livres, manuscrits, objets d'art, étaient entassés pêle-mêle dans les bâtiments de l'abbaye Saint-Serge et abandonnés à toutes les
dilapidations. En 1796, tout ce qui avait trait aux lettres,
aux sciences et aux arts fut transporté à l'Ecole centrale,
créée au logis Barrault. En 1797, La Réveillère-Lépeaux,
député de l'Anjou et membre du Directoire fit accorder au
musée des tableaux, un herbier et une collection d'insectes
et de minéraux. En 1799, la collection artistique s'augmenta
d'une partie de la galerie du marquis de Livois. En 1801,
eut lieu l'ouverture du Musée.

Dès lors, la ville s'occupa d'ajouter de nouvelles richesses
à son premier fonds; elle fut aidée par de nombreux dons
et legs particuliers, parmi lesquels il faut citer spécialement
ceux de David d'Angers, Jean Robin, Guillaume Bodinier
et Jules Lenepveu.

Le *Musée de Sculpture* occupe le rez-de-chaussée. En
1811, il ne contenait que quelques œuvres, lorsque David,
qui venait de remporter le Grand prix de Rome, reconnaissant des subventions que sa ville natale lui avait allouées,
offrit à ses concitoyens trois de ses œuvres couronnées. Ces
envois furent suivis d'autres nombreux dons non moins
remarquables. Cette collection, qui n'a de pendant que
celle de Thorvalsden de Copenhague, fut placée dans les
magnifiques salles aménagées pour la recevoir; l'inauguration en eut lieu le 27 novembre 1839, sous le nom de
Galerie David.

On y compte 740 objets d'art, sur 850 environ, dues au
génie du maître; le détail comprend : 6 ouvrages couronnés,
21 statues, 16 statuettes, 98 bustes, 50 bas-reliefs, 21 grands

médaillons, 469 médaillons, 65 dessins. En outre, diverses médailles et ouvrages de Chaudet, Pajon, David père, Houdon, Delaistre, Ingres, Greuze, etc., ont été ajoutés par le célèbre maître et par son fils.

Les œuvres originales sont :

1. *Otryades blessé à mort, écrivant sur un bouclier des vaincus*, deuxième prix de sculpture, décerné par la classe des beaux-arts de l'Institut de France, le 6 octobre 1810. — 2. *Tête d'expression représentant la Douleur*, prix décerné par la classe des beaux-arts de l'Institut de France. — *Mort d'Epaminondas* (bas-relief), premier grand prix décerné à David, en 1811. — 4. *Tête d'Ulysse* (marbre blanc), faite à Rome, le premier ouvrage en marbre sorti de la main du maître. — 5. *Jeune Berger* (statue en marbre blanc). — 6. *Néréide apportant le casque d'Achille*, bas-relief en plâtre. — 7. *Condé* (statue en pied, modèle en plâtre), l'une des douze qui avaient été élevées sur le pont Louis XVI (aujourd'hui pont de la Concorde), et qui ont été transportées au palais de Versailles. — 82. *Ennius Visconti*, buste. — 92. *Lacépède*, dans la galerie d'histoire naturelle. — 94. *René d'Anjou.* — 95. *Fénelon* ; buste en bronze. — 96. *Béclard.* — 117. *La Réveillère-Lépeaux* ; buste en bronze. — 118. *Louis Proust.* — 123. *Dr Billard.* — 128. *Pierre Corneille.*

Voici la nomenclature des moulages et modèles :

STATUES. — 8. Le *Roi René.* — 9. *Fénelon.* — 10. *Général Foy.* — 11. *Jeune Grecque au tombeau de Marco Botzaris.* — 12. *Gouvion-Saint-Cyr.* — *Talma*, la figure en marbre est au Théâtre-Français. — 15. L'*Enfant à la grappe.* — 16. *Philopœmen* (musée du Louvre). — 17. *Cuvier.* — 18. *Armand Carrel.* — 19. *Ambroise Paré* (à Laval). — 20. *Joseph Barra*, jeune volontaire tué à Jallais dans les guerres de Vendée, mourant en pressant sur son cœur la cocarde tricolore. — 21. *Gutenberg.* — 22. *Bichat*, groupe en pied, du célèbre anatomiste travaillant à son ouvrage intitulé : *Recherches sur la vie et la mort.* — 23. *Cardinal de Cheverus* (à Mayenne). — 24. *Jean Bart* (à Dunkerque). — 25. *Baron Larrey.* — 26. *Général Gobert.* — 27. *Bernardin de Saint-Pierre.* — 28. *Bichat* (à l'Ecole de médecine de Paris). — Monument de *Bonchamps* (à Saint-Florent-le-Vieil).

Bas-Reliefs. — 31. *La Justice protégeant l'Innocence.* 32. La *Religion.* — 33-35. Monument de *Fénelon*, à Cambrai. — 36. Le *Comte Frotté et ses compagnons.* — 37-41. Bas reliefs pour le monument du *général Foy* (au Père-Lachaise). — 42. *Retour du duc d'Angoulême,* après la guerre d'Espagne (Arc du Carrousel). — 44-46. Bas-reliefs de l'arc de triomphe de Marseille. — 47. *La France et l'Allemagne unies par la Liberté.* — 48-49. Le *Commerce.* La *Navigation.* — 50. *Fronton du Panthéon,* esquisse en terre cuite. — 51. Modèle du même ouvrage, au tiers d'exécution. — 52-55. *Bienfaits de l'imprimerie* pour les quatre parties du monde. — 56. *Distribution de prix.* — 57-60. Bas reliefs du monument de *Mgr de Cheverus,* à Mayenne. — 61-64. *Œdipe-Roi. Le Cid. Les Nuées. Tartuffe* (théâtre de Béziers). — 65-68. Monument du *baron Larrey,* dans la cour du Val-de-Grâce. — 69-72. Monument du *général Gobert,* au Père-Lachaise. — 73-75. Monument du *pape Gerbert,* à Aurillac. — 76-78. Monument du *général Drouot,* à Nancy.

Bustes. — 80. *Lethière.* — 81. *Moncey.* — 83. *Ambroise Paré.* — 84. *Fançois Ier.* — 85. *Volney.* — 86. *Camille-Jordan.* — 87. *Louis XVI.* — 88. *Bodin,* historien — l'Anjou. — 89. *Mme Urbain Chartier.* — 90. *Baron Desgenettes.* — 91. *Mlle Robinson.* — 94. *Mlle Mars,* de 97. *Casimir Delavigne.* — 99. *Fenimore Cooper.* — 100. *Raoul-Rochette,* archéologue. — 101. *Suchet.* — 102. *Jérémie Bentham.* — 103. *Abbé Grégoire,* conventionnel. — 105. *Washington.* — 106. *Lamartine.* — 107. *Châteaubriand.* — 108. *Béranger.* — 109. *Caumartin.* — 111. *Dumont de Genève,* publiciste. — 112. *Lady Morgan.* — 113. *Rossini.* — 114. *Sieyès.* — 115. *Lefebvre,* duc de Dantzig. — 116. *Gœthe.* — 119. *Annibal enfant.* — 120. *Racine,* tête de sa statue à la Ferté-Milon. — 121. *Racine.* — 122. *Boulay de la Meurthe,* ministre. — 124. *Cuvier.* — 125. *Bellart.* — 126. *Charles Nodier.* — 127. *Paganini,* violoniste. — 128 *Pierre Corneille.* — 130. *Gouvion-Saint-Cyr.* — 131. *Merlin de Douai,* jurisconsulte. — 132. *Parent-Réal,* homme d'Etat. — 133. *Rauch,* statuaire allemand. — 134. *Tieck,* littérateur allemand. — 135. *Hulin,* lieutenant-général. — 136. *Mickiewicz,* poète polonais. — 137. *Percy,* chirurgien. — 138. *Maitre Adam,* poète de

Nevers (xvııᵉ s.). — 139. *Carus*, médecin et peintre allemand. — 140. *Hahnemann*, fondateur de la médecine homœopathique. — 141. *Abbé Horeau*. — 142. *Jollivet*, publiciste. — 143. *Amélia Opie*, femme de lettres anglaise. — 144. *Berzelius*. — 145. *Destutt de Tracy*. — 146. *Ludwig Bœrne*, publiciste allemand. — 147-148. *Gérard*. — 149. *Victor Hugo*. — 150. *Jussieu*. — 151. *Arago*. — 152. *Langlois*. — 153. *Portal*, médecin. — 154. *Riquet*. — 155. *Armand Carrel*. — 158. *Lamennais*. — 157. *André Chénier*. — 158. *Lakanal*. — 159. *Lechevalier*, littérateur. — 160. *Boncenne*. — 161. *Daunou*. — 162. *Grouchy*. — 163. *Travot*. — 164. *Turpin*. — 165. *Victor Hugo* (avec couronne). — 166. *Vanière*, poète latin. — 167. *Humboldt*. — 168. *Marie-Joseph Chénier*. — 169. *Balzac*. — 170. *Couthon*. — 171. *Fresnel*. — 172. *Général d'Andigné*. — 173. *Charles Nodier*. — 174. *Ollivier d'Angers*. — 175. *Kanaris*, ministre grec.

STATUETTES. — 176. *Racine*. — 177. *Tieck*. — 178. *Talma*. — 179. La *Liberté*. — 180-191. Figures du piédestal du monument de René d'Anjou (Voir : *Statues*).

Le musée David contient, en outre, des œuvres de différents artistes, parmi lesquelles :

748. David d'Angers fils, portrait de son père (médaillon plâtre). — 751. Delusse, maître de David, *Intérieur de la famille de David*, dessin original. — 752. Ingres, *David d'Angers*, lithographie. — 754. Exemplaire unique de l'ouvrage de M. Henry Jouin, intitulé : *David d'Angers, sa vie, son œuvre, ses écrits et ses contemporains*, avec l'inscription : « A Angers, ma ville natale, je dédie l'histoire de Pierre-Jean David d'Angers. » — 755. Chardet, *Bonaparte*. — 756. David père, autel de la patrie, placé dans le temple décadaire (en bois sculpté). — 760-761-762. Houdon, *Dumouriez, Mirabeau, Franklin*. — 763. Pajon, le *Jugement de Salomon* (bas-relief en cire). — 764. Roland, un des maîtres de David, étude de *Vieillard*, en terre cuite. — 767. *Apothéose d'Auguste*, épreuve du camée de la Sainte-Chapelle. — 778-779. L. David, étude de draperies pour le *Tombeau des Horaces*. — 780. Devéria, portrait (original). — 784. Greuze, tête de *Jeune Fille* (dessin original). — 786. Lepautre, *Enée et Anchise* (dessin original).

Citons encore :

1-25. Moulages de sculptures antiques. — 48. Chapu, la *Jeunesse*, plâtre. — 48 *bis*, Cortot, *Narcisse*, marbre. — 51. Falconet, *Camille Falconet*, médecin, marbre blanc. — 54. Houdon, *Voltaire*, buste marbre. — 73. Maindron. *Thésée vainqueur du Minotaure*, plâtre. — 99. Canova, buste en marbre blanc du général *Bonaparte*. — Bustes en marbre de La Réveillère, de Bailly (maire de Paris), d'Alfred de Musset, etc. ; moulages du tombeau de Lamoricière (un angevin), du monument d'Henri Regnault, et de nombreuses œuvres modernes dont plusieurs d'artistes angevins.

Le *Musée de peinture* est installé dans les salles du deuxième étage. Il renferme de nombreux tableaux de l'Ecole française et plusieurs rares spécimens des écoles italienne, espagnole, allemande, anglaise, hollandaise, flamande. Citons :

ECOLE FRANÇAISE. — 1. Aligny. *Vue de l'île de Caprée.* — 4. Bachelier, *Un canard pendu à un clou.*— 17. Fr. Boucher, *La Réunion des Arts*, grand tableau, l'un des meilleurs du maître, de qui une autre toile a été léguée au musée en 1833. — 25. Mme Vigée Le Brun (une angevine), l'*Innocence se réfugiant dans les bras de la Justice.* — 27 28. Casonova, *Attaque d'un fort ; Convoi harcelé par des hussards.* — 31.-33. Chardin, portrait au pastel, fruits. — 37. Michel Corneille, *la Vierge, Jésus et Jean-Baptiste.* — 38-39. Antoine Coypel, *Vénus invitant Vulcain à forger les armes d'Enée*, esquisse ; l'*Olympe*, esquisse pour le plafond de la salle des Gardes du Palais-Royal. — 41. Noël Coypel, *Zéphyre et Flore.* — 47-48. François Desportes, *Chasse au renard*, animaux, fleurs et fruits. — 50. Eugène Deveria, *Jeanne d'Arc.* — 56. Hippolyte Flandrin, *Saint-Clair guérissant les aveugles.* — 65.-66. François Gérard (second prix de peinture en 1782), *Joseph reconnu par ses frères*, l'une des premières œuvres de l'artiste ; portrait de la Réveillère-Lépeaux (les fleurs sont de Van-Spaendonck, un ami de Gérard et de La Reveillère. — 73. Girodet-Trioson, *Mort de Talius*, second grand prix de peinture en 1788. — 74. Greuze, *Mme de Porcin*, l'une des meilleures œuvres de ce maître charmant. — 91-92. Lagrenée, *Mort de la femme de Darius ; Mercure confie Bacchus aux nymphes de l'île de Naxos*. — 96-97. — Lancret, *Noces de village ; danse champêtre*. — 110. Lehmann, *Jérémie dictant ses prophéties*. — 117-120. Carle Van Loo, *Saint-Augustin en extase ; Sainte-Clotilde ; Énée et Anchise ; Saint-André embrassant sa croix*. — 120. J.-B. Van Loo, Renaud et Armide. — 130. Mauzaisse, l'*Arabe pleurant son coursier*. — 135. Mignard, *la Vierge, Jésus et Saint-Jean*. — 137. Lemoine, *Rachel et Laban*. — 143. J.-B. Pater, *Baigneuses*, beau tableau, dont il a été offert, dit-on, 25,000 fr. à la ville. — 163. Jean Restout, le *Bon Samaritain*. — 154. Robert-Hubert, *Fontaine de Minerve*, à Rome. — 172. Claude Joseph Vernet, *Marine*.— 175. Vien, *Retour de Priam ramenant le corps d'Hector*. — 182. Watteau, *Fête campagnarde*. — Nombreuses œuvres modernes, dont un certain nombre sont signées de noms angevins plus ou moins glorieux.

École italienne. — 272. Raphaël, *Sainte Famille*, tableau provenant du legs Robin, restauré à la suite d'un accident ; légère variante de la célèbre *Sainte Famille* du musée de Madrid. — 319. Le Guerchin (?), *Le Temps amenant la Vérité*. — 322. Giunta Pisano (xiiiᵉ siècle) *la Vierge*, bois. — 324. Carlo Miratta, *La Vierge adorant Jésus*. — 340. —. Le Dominiquin (?), *Saint-Charles*, fort belle étude.

Écoles flamande, hollandaise, et allemande. — 278. Van der Veyden, *Le Calvaire*.— 279. Nicolas Berghem, *Ruines*. — 353. Rottenhammer, *Le banquet des Dieux*. — 359-361. Philippe de Champaigne, *Jésus parmi les docteurs*; *Disciples d'Emmaüs* ; portrait ovale représentant un *robin* en grande perruque et en rabat. — 367-368. Jordaëns, *Saint-Sébastien*, esquisse ; portrait de François Flamand, sculpteur. — 370. Peter Neefs, *Intérieur d'église gothique*. — 371. Rubens, *Silène ivre*, esquisse. — 374-375. Snyders, *Chien écrasé*, très belle peinture ; vue de Flandre. — 376-377. Téniers le Jeune, le *Tête-à-tête ; La Mère difficile à convaincre*. — 380. Van Thulden, *Assomption*. — 396. Poëlenburg, *Baigneuses*. — 400. Ruysdaël, Un paysage très lumineux.

École espagnole. — 281. Velasquez, *Fruits*. — 344. Murillo (?), *Portrait de jeune homme*. — 347. Ribera (?), *Portrait de vieillard*.

La collection Bodinier, léguée par sa veuve et par

diverses personnalités, a été inaugurée le 30 novembre 1876, dans une petite salle qui contient notamment : l'*Angelus du soir* (1836) qui avait été acquis par le duc d'Orléans ; la *Demande en mariage*, médaille d'or de 1re classe en 1827 ; d'autres tableaux et esquisses représentant pour la plupart des coins de campagne romaine, que Guillaume Bodinier affectionnait particulièrement, puis des portraits, des dessins ; enfin un beau tableau par Montessy, une vue de Paris, par Darcy, le premier mari de Mme Bodinier, etc.

LA COLLECTION LENEPVEU comporte environ 20 tableaux et cartons de l'éminent peintre, parmi lesquels il faut citer : *Le martyr de Saint-Saturnin* (253) ; l'esquisse peinte du plafond de l'Opéra (267) ; celle du plafond du théâtre d'Angers où notre célèbre compatriote, en récompense de sa belle œuvre, a droit à un fauteuil à perpétuité.

Le catalogue des collections de peinture et de sculpture est en vente chez le concierge.

Le musée d'Angers est ouvert tous les jours pour les étrangers (s'adresser au conservateur) ; pour le public, le dimanche et le jeudi, de midi à 4 heures.

Au premier étage, on peut visiter le *Muséum d'histoire naturelle*, qui se compose notoirement de roches, espèces minérales, coquilles terrestres et fluvatiles propres au département de Maine-et-Loire, animaux, oiseaux, insectes, monnaies, etc.

Le logis Barrault, qui renferme toutes ces richesses, mérite bien aussi l'attention des amateurs de belles choses. Il fut construit par Olivier Barrault, vicomte de Mortaing, trésorier de Bretagne, élu maire d'Angers en 1497, 1504 et 1505, et reçut divers rois et personnages illustres : César Borgia. Marie Stuart, etc. Le logis Barrault servit successivement à loger le gouverneur de la province (1660), le grand séminaire (1673) et l'école centrale (1796). Ces diverses appropriations ne l'ont pas épargné. Néanmoins, ses fenêtres encadrées et ses galeries aux voûtes ornementées, lui gardent encore un aspect spécial de goût et d'art délicats. A l'intérieur, l'escalier en spirale qui tirbouchonne dans la tourelle s'effeuille à sa cîme dans un palmier à nervures écussonnées. L'édifice a été restauré en 1854.

Hôpital et greniers Saint-Jean, Musée d'antiquités. — Place Larochefoucault-Liancourt.

Les bâtiments de l'ancien hôpital Saint-Jean ont été acquis par la ville en 1868. Cet établissement fut fondé vers 1153 par Etienne de Marçay, sénéchal du roi Henri II Plantagenet. La salle des malades et la chapelle, où sont conservées les collections, datent de cette époque, comme on peut le reconnaître à la grâce des voûtes ogivales, à la sveltesse des colonnes qui les contiennent, couronnées de chapiteaux feuillés d'un si parfait caractère d'art.

Longtemps on a vu dans la salle St-Jean « le premier des monuments gothiques ».

Le musée d'archéologie qui y étale à l'admiration publique ses précieuses collections, était d'abord établi mi-partie dans l'une des salles du logis Barrault, mi-partie dans les ruines de l'église Toussaint. Ce n'est guère que depuis une quinzaine d'années que la ville l'a pourvu de cette habitation digne de lui.

On y admire entre autres choses curieuses : un vase de porphyre rouge, dit vase de Cana, orné de deux masques de Jupiter, légué jadis à la cathédrale par le roi René ; un autel romain du III° siècle ; un curieux bahut provenant du château de Landifer (XVI° siècle) à Vieil-Baugé, et représentant la *Revanche de la danse macabre* ; un éléphant d'ivoire du X° siècle ; les statues de Puycharic, de dame Huet de Chenaye (XV° siècle) ; le buste de Ménage par Lauge ; une collection d'urnes cinéraires et de cercueils romains trouvés à la gare St Laud et dans différentes parties du département ; une partie des objets découverts en creusant la place du Ralliement, notamment l'épitaphe de l'abbé Ato, une magnifique mosaïque du Ier ou II° siècle, mesurant 5^m43 de côté. Sous les cloîtres, de très belles cheminées. — La collection s'enrichit tous les jours.

Dans le square qui entoure les salles, des travaux ont mis à jour les débris d'une jolie fontaine du XII° siècle. A droite, au fond, se voient des bains romains, transportés là de Frémur et reconstruits bloc par bloc.

Mêmes jours et heures d'ouverture que le musée des Beaux-Arts.

— Un peu plus haut, vers nord, sont les anciens greniers Saint-Jean, dont la salle immense sert de dépôt à la ville. Les caves, taillées en plein schiste ardoisier, sont louées à un distillateur.

En 1896, des inspecteurs des Beaux-Arts et des monuments historiques, sont venus visiter les salles de l'hospice, les caves et les greniers, pour une restauration projetée par le ministère.

Hôtel de Pincé ; musée Turpin de Crissé. — Rue Lenepveu près de la place du Ralliement.

Cet admirable logis, décoré par la Renaissance de toutes les élégances de son art, fut construit de 1528 à 1530 pour Jean de Pincé, lieutenant criminel du sénéchal. La tradition en attribue la facture au grand architecte angevin, Jean de Lépine. Après avoir passé à différentes familles, l'Hôtel d'Anjou fut loué à la *Pension-Verte*, puis adjugé nationalement en 1889 à l'imprimeur Ch. Pierre Mame.

Le peintre Guillaume Bodinier l'acheta au prix de 35.000 francs et le légua à la Ville, pour être consacré aux arts.

Reconstruit pierre à pierre, de 1880 à 1884, le logis Pincé a été affecté, en juin 1789, au musée Turpin de Crissé. On y a transporté la belle collection d'objets d'art et d'antiquité donnée à la Ville par un autre artiste éminent, le comte Turpin de Crissé, membre de l'Institut, mort en 1859.

Le cabinet de Turpin de Crissé renferme des bronzes, verreries, émaux, faïences, vases, bijoux, médailles, pierres gravées, gravures, peintures, antiquités égyptiennes, grecques et romaines, du moyen âge et de la Renaissance, enfin quelques tableaux de prix parmi lesquels la *Françoise de Rimini* d'Ingres.

On a ajouté à cette précieuse collection celle de l'architecte angevin Ed. Moll, mort à Paris, en 1875, qui a laissé également à la Ville une rente annuelle de 358 fr. dont les arrérages doivent être affectés à l'entretien d'une salle d'architecture, de gravure et de photographie.

L'Hôtel Pincé ou l'Hôtel d'Anjou est ouvert au public aux mêmes jours et heures que les autres musées.

Musée Lloyd. — En 1895, mourait à Nantes, dans un âge très avancé, un homme fort savant, qui était en même temps un homme de bien et un bon Français, nonobstant la consonnance britannique de son nom, M James Lloyd. Voué, dès sa jeunesse, à l'etude des sciences naturelles et plus spécialement de la botanique, il s'était fait surtout connaître par la publication d'une excellente *Flore de* *l'Ouest de la France* embrassant toutes les plantes qui croissent sur le littoral et dans les régions voisines de l'intérieur, depuis l'embouchure de la Gironde jusqu'à l'extrémité du Finistère. Cet ouvrage, qui atteignait récemment sa 6e édition, était appuyé, naturellement, sur un herbier des plus riches et sur une bibliothèque spéciale des plus complètes que son possesseur a légués à la ville d'Angers, — où la botanique a toujours été particulièrement en honneur, — avec la rente nécessaire pour l'entretien et l'augmentation de cette collection précieuse.

La collection James Lloyd est exposée dans l'une des salles de l'ancienne Cour d'appel, place des Halles. Dimanche et jeudi, de midi à 4 heures.

Jardin Botanique. — En parlant du Jardin des Plantes (voyez : *Angers moderne*), nous avons dit quelques mots du Jardin Botanique, qui occupe, dans l'enclos, la principale place, devant l'escalier d'honneur. Les plantes sont étiquetées soigneusement ; la collection est nombreuse ; des herbiers la complètent.

Sur la butte, s'élève une station météorologique municipale, de création récente.

Au *Jardin Fruitier*, boulevard du Roi-René, derrière le Musée de peinture, sont installées des collections intéressant l'arboriculture, la viticulture et l'horticulture (voir : *Angers moderne* et *Instruction publique*).

Grand-Théâtre. — Place du Ralliement.

Aux temps gallo-romains, il existait à Angers un cirque, dont l'emplacement a été retrouvé en 1841, à gauche, en descendant, vis-à-vis le Château ; et un amphithéâtre, connu au Moyen Age sous le nom d'Arènes ou de Grohan, entre l'église Saint-Joseph et le Mail.

Pendant le Moyen Age, on sait que les Mystères se jouaient presque exclusivement dans les églises, sous la direction du clergé. Au xv⁰ siècle, les représentations causant quelque scandale, passèrent aux mains des laïques et furent données dans les carrefours et dans les cimetières. Au xvi⁰ siècle, le « parc des jeux » était déjà établi à demeure sur la place des Halles ; la Ville en payait l'entretien ; les spectacles y étaient organisés par des comédiens nomades. En 1756, la direction du « parc aux jeux » fut confiée à Devals, dont le privilège était exclusif. En 1763, les représentations furent transportées dans un ancien jeu de paume, sis au bas de la place des Halles, et dont les parois furent enluminées de peintures qui passaient pour très belles Dès lors, et jusqu'à la Révolution, les directeurs succèdent aux directeurs : le nom qui revient le plus souvent est celui de Montausier.

Après la Révolution, un entrepreneur de spectacles nommé Deschamps vint s'installer dans les vieux bâtiments où les Grandes-Ecoles avaient donné autrefois leurs leçons (voir : *Université*, à l'*Instruction publique*). Mais la loi ayant condamné les villes de second ordre à n'avoir qu'un théâtre, la salle des Halles seule resta autorisée.

Cependant, ces locaux étaient insuffisants et ruineux, il fallait bâtir une salle nouvelle. On songea à l'emplacement de l'église Saint-Aubin, à celui de l'Hôtel des Postes actuel, et enfin on revint définitivement aux Grandes-Écoles.

La première pierre fut posée le 9 juillet 1821 ; un violent incendie détruisit le théâtre dans la nuit du 4 au 5 décembre 1865, après une répétition. Les principales gloires de la scène étaient venues s'y faire applaudir : Mlles Volnais, Mars, Georges, Vertpré, Mmes Allau, Pradher, Bouffé, Ligier, Dorval, Thérésa, Rachel, l'Albony, etc. Des premières y furent données : *la Peste à Florence*, de Fr. Grille, qui fut plus tard directeur des lettres et des arts au ministère de l'intérieur ; *Napoléon et Joséphine*, par Daillère ; *Angers sur la sellette*, par Eugène Bonnemère, etc.

Commencé en 1869, sous la direction de l'architecte Magne, le théâtre actuel a été inauguré le 11 novembre 1871.

Le plafond, très remarquable, a été peint par M. Jules Lenepveu, l'éminent membre de l'Institut, une de nos gloires angevines. Y sont représentés : Apollon, Vénus et Mars, l'enlèvement de Proserpine, Bacchus emporté dans les airs sur un char attelé de léopards. — La maquette de cette admirable fresque est exposée au Musée de peinture, sur le palier.

M. Dauban, un peintre angevin également connu, a décoré le foyer de théâtre avec le Drame et la Musique.

Les sculptures de la façade sont également dues à des artistes angevins. Ce sont : un fronton, deux génies assis de chaque côté des armes de la ville, par Talnet ; au sommet, deux groupes allégoriques représentant, l'un la Vérité, la Calomnie et le Châtiment, par Talnet, l'autre, la Renommée, l'Histoire et l'Eloquence, par Julien Roux ; au milieu, les bustes de Gretry, Méhul et Lulli, par Dénéchau ; au-dessous, quatre statues, le Vaudeville, par Dénéchau, la Comédie, par Julien Roux, la Tragédie, par Talnet, la Poésie lyrique, par Maindron   Les ornementations sont de Charon.

L'entretien du théâtre coûte par an plus de 100.000 francs à la ville. La seule subvention au directeur s'élève à 90.000 fr.

Les représentations ont lieu le dimanche (matinée facultative et soirée), le mardi (facultative), le jeudi et le samedi.

Le prix des places est fixé ainsi :

Loges à salon, Baignoires de côté, 4 fr.— Fauteuils d'orchestre, Fauteuils de balcon, Baignoires de face, 3 fr. 50. — Stalles d'orchestre, 2 fr. 50. — Parterre, 1 fr. 50. — Première galerie de face, Loges de face et d'Entre-colonnes (2e étage), 2 fr. — Loges et Galeries de côté, 1 fr. 50. — Troisième 1 fr. — Amphithéâtre, 0.50. En location 0,25 en plus pour les places de 1 fr. 50 et au-dessus.

— Un *Cirque Théâtre* a été construit sur le quai National en 1865, pour faire l'intérim de la salle brûlée. La troupe de drame y donnait jadis chaque samedi une représention populaire.

La Mairie, la Bourse du Travail, le Grand-Hôtel, ont aussi leurs salles des fêtes où sont donnés des spectacles et des conférences. C'est ainsi que l'un de ces derniers hivers, M. Bodinier, dont l'Anjou est à bon droit fier, avait organisé ici un fac-similé en miniature de sa célèbre *Bodinière* de Paris.

Amis des Arts ; salon annuel. — Une société des *Amis des Arts* a été autorisée à Angers, par arrêté préfectoral du 2 septembre 1889. Elle est subventionnée par le ministère des Beaux-Arts, le Conseil général de Maine-et-Loire et le Conseil municipal d'Angers.

Chaque année, les Amis des Arts organisent, dans une vaste salle de la place Lorraine, un salon de peinture, de dessins, de sculpture et d'architecture qui s'ouvre aux premiers jours de novembre et obtient, trois mois durant, la faveur du public.

Un éminent critique d'art, le comte Louis de Romain,

qui fut, avec le regretté Jules Bordier, l'âme de l'*Association artistique*, organise là, en matinée, tous les dimanches, pendant les expositions, des concerts, des expériences, des auditions originales qui attirent la foule élégante du hig-life. C'est une *bodinière*, dont Angers a eu la bonne fortune de jouir avant même la fondation de celle de Paris.

Les Amis des Arts publient, au début de chaque exposition, un catalogue contenant également les comptes-rendus des séances et les noms des membres de la société.

Le Salon est ouvert au public tous les jours, pendant trois mois. Prix d'entrée : 50 centimes.

Sociétés musicales. — Ainsi que nous avons eu l'occasion de le dire, la musique est un art fort en faveur à Angers.

Dès 1766, une société particulière, dirigée par un sieur Fauré, donnait chaque vendredi des concerts dans la grande salle de la Mairie. Une autre société d'amateurs fut organisée en 1773. Vers 1804, autre société, la *Société Philharmonique*, dont chaque membre prenait une part active à des concerts d'harmonie hebdomadaires. Un groupe de chanteurs et d'instruments à cordes s'y adjoignit en 1806, sous le titre de *Concert des Amateurs*, qui devint, un peu plus tard, le *Concert d'Etude*. Le *Concert d'Etude* fut dissous en 1839. En 1842, se créa une *Société Musicale* de chanteurs, qui, à nouveau, fusionna avec la *Société Philharmonique* toujours existante, sous le titre unique de *Société des Concerts*. En 1853, réorganisation de la *Société Philharmonique*, qui dura jusqu'en 1865.

Mentionnons encore : la fondation de la *Société de Sainte-Cécile*, en 1860 ; de très belles séances de quatuor données par M. Mauriat pendant quelques années à partir de 1865 ; le *théâtre Aubert*, fondé le 4 novembre 1865, par M. Hetzel, directeur du Conservatoire de musique d'Angers, fermé au bout de trois ou quatre mois.

L'*Association artistique*, dont nous avons parlé plus haut, fut fondée en 1881. Chaque hiver, pendant plus de quinze années, elle donna au Cirque des *Concerts populaires* suivis par un auditoire d'élite, et où se sont produits tout ce que l'art musical compte de chefs-d'œuvre, tout ce que le monde de la musique compte de personnalités. Au bout de ces quinze ans de succès, qui donnaient à la ville un véritable renom d'art, après plus de 450 concerts qui émerveillaient les plus raffinés, une décision regrettable du Conseil municipal tua l'œuvre au plein de sa splendeur par le refus de toute subvention.

Cette société prit cependant en 1898, un nouvel essor, grâce à l'initiative de quelques amateurs de bonne musique dont le dévouement éclairé est bien connu de tous les angevins. A leur tête et par-dessus tous, apparaît la figure si originale et si sympathique de M. le comte de Romain.

Durant deux années entières la société artistique put revivre, rouvrant les portes du Cirque fermées depuis un certain temps.

Dans ce même temps, une société impeccable, la Fanfare, entretenue par le marquis de Foucault (mort en 1894) se faisait de temps en temps applaudir sous le kiosque du Mail.

Aujourd'hui, Angers subit quelque privation sous ce rapport. Le kiosque est très rarement occupé par la Société chorale de *Sainte-Cécile*. Les concerts sont donnés, au Jardin du Mail, par la Musique du 135e, la Musique du 6e Génie, la *Musique municipale, Angers-Fanfare*, l'*Union musicale* et la *Musique du IVe arrondissement*. Dans la Doutre, sur la place Larochefoucault, il existe également un kiosque, où la *Fanfare de la Doutre* joue quelquefois, les soirs de fête, pendant la belle saison.

Pour donner une idée de la foule, qui se presse, les soirs de musique, au Jardin du Mail, nous dirons seulement que le droit d'y louer des chaises est concédé par la Ville à un fermier moyennant une redevance de 1200 fr. par an. Or nous pouvons ajouter, qu'il ne s'assied pas le demi-quart des assistants, et nous ne croyons pas sortir de la vérité en évaluant approximativement les recettes du loueur à environ trois fois son loyer. Symétriquement à la location des chaises, est un café qui sert les consommateurs sous les quinconces, à proximité de la musique et à l'écart de la foule.

Académie des Sciences et Belles-Lettres. — L'Académie de Sciences et Belles-Lettres d'Angers est une des premières associations littéraires et scientifiques qui furent créées en province, sur le modèle de l'Académie française. Elle fut autorisée par lettres patentes le 10 juin

1685, et se composait de 30 membres angevins ou nés de père angevin, dont les premiers furent nommés directement par le roi

L'inauguration eut lieu, solennellement, le 1er juillet 1686, en présence du marquis de Nointel, intendant de la généralité de Tours, délégué par Louis XIV.

Les réunions se tenaient le mercredi de chaque semaine, dans la salle du pavillon du jardin de la Mairie.

Supprimée par un décret de la Convention en date du 8 août 1793, comme les autres corps savants patentés par la nation, l'Académie d'Angers avait compté alors dans sa composition, outre les 30 membres nommés par le roi, 107 membres élus, parmi lesquels sont tous les personnages illustres de l'Anjou.

Depuis 1747, la compagnie s'était adjoint, en qualité d'associés, quelques-uns des personnages célèbres de la France, comme Voltaire, Réaumur, Louis Racine, le baron du Tillet, Fréron, Florian, Volney, etc.

Une *Société académique de Maine-et-Loire*, créée en 1857, a pu obtenir, le 10 juin 1881, la reconstitution de l'*Académie des Sciences et Belles-Lettres*.

Les statuts se rapprochaient des anciens règlements. La nouvelle société se composait de cinquante membres titulaires, et de membres honoraires, associés et correspondants, en nombre illimité. Elle se réunissait deux fois par mois dans l'une des salles de l'ancienne cour d'appel et tenait parfois des séances publiques solennelles.

Chaque année, un ou plusieurs volumes étaient publiés sous le titre de *Mémoires de l'Académie des Sciences et Belles-Lettres d'Angers*, et distribués gratuitement aux membres de la compagnie ainsi qu'aux 183 sociétés savantes françaises et étrangères avec lesquelles l'Académie est en relations.

Le sceau de l'Académie porte *d'azur au parnasse d'or* ; ces armoiries n'ont pas varié depuis l'origine. Elle avait jadis pour emblème un vase plein d'eau avec la devise : *Maculas ostendit et aufert.*

Aujourd'hui, cette Société est dissoute par suite de la mort de son dernier président, M. Parrot.

Société nationale d'agriculture, sciences et arts. — De 1760 à la Révolution, exista à Angers un *bureau d'agriculture* ressortissant d'une *société d'agricul-ture*, dont le siège était à Tours, pour toute la généralité.

En 1798, un groupe de lettrés tenta de reconstituer une *Société libre d'agriculture*, mais ce n'est que trente ans plus tard, en 1828, que les efforts purent produire ; encore l'autorisation ministérielle se fit-elle attendre jusqu'au 25 juin 1831, et l'ordonnance royale de constitution défini-tive jusqu'au 5 mai 1833.

La *Société nationale d'agriculture, sciences et arts* se donnait pour but de continuer à la fois l'Académie des Sciences et Belles-Lettres et le Bureau d'Agriculture. Le nombre des membres résidants ne pouvait excéder 80.

Elle se composait de deux sections : le *Comice horticole* (1838), qui s'occupait surtout d'installer une école et un jardin d'expérimentation dans le jardin de l'ancien Grand-Séminaire, aujourd'hui *Jardin fruitier*, et une *Commission archéologique* (1846), qui s'intéressa à la conservation des anciens monuments d'Anjou et à l'histoire locale.

Le *Répertoire archéologique de l'Anjou* publié par cette section, contient des renseignements de grand intérêt.

La société a publié en outre, une *statistique du départe-ment* (1848 et 1850) une *statistique horticole* (1842) ; un volume descriptif de l'exposition angevine de 1839 ; elle donne chaque année un volume de *Mémoires*.

Le poète angevin Julien Daillère, mort ces dernières années, a légué à la Société nationale d'agriculture, sciences et arts, une somme de 4.000 fr. dont las arrérages, accumulés pendant quatre ans de suite, doivent être employés à la création de 2 prix : un prix de vertu et un prix de poésie réservés l'un et l'autre aux habitants du département de Maine-et-Loire. La première distribution a eu lieu, en séance solennelle, au mois de décembre 1896.

Société d'Horticulture. — Cette société a succédé en 1863 au *Comice horticole* de la *Société d'Agriculture*, et a été autorisée par arrêté préfectoral du 2 janvier 1864.

Son but est l'enseignement horticole et le développement de l horticulture en Anjou. Les cours, comme nous l'avons déjà dit, ont lieu chaque dimanche, au *Jardin Fruitier*. Les professeurs y démontrent gratuitement la pratique de la taille des arbres, étudient les fruits nouveaux communiqués par les correspondants, distribuent greffes, boutures et graines, et répandent les meilleures espèces dans les pépinières et dans les jardins du pays.

La Société publie chaque semestre le Bulletin de ses travaux en fascicules qui sont remis à tous les membres honoraires, titulaires ou correspondants. Les assemblées générales ont lieu le premier du mois.

Société industrielle et agricole. — Fondée le 25 février 1830, la *Société industrielle agricole d'Angers et du département de Maine-et-Loire*, spécialisa nettement son but dans le développement, l'amélioration et la propagation des industries agricole et manufacturière, en propageant à travers le département les découvertes et les perfectionnements qui peuvent être utiles aux maîtres et aux ouvriers.

La Ville lui doit la création de la Caisse d'épargne ; le Département, la fondation des premiers comices et syndicats agricoles qui sont maintenant au nombre de trente-cinq à quarante.

Elle encourage, par la distribution de prix, les découvertes et procédés nouveaux, utiles aux manufactures et à l'économie rurale, et a organisé, pendant un certain temps, des expositions quinquennales, où les œuvres d'art et les trésors archéologiques brillaient côte à côte avec les produits agricoles, horticoles et industriels.

La *Société industrielle et agricole* compte environ 450 membres titulaires, honoraires et correspondants, et est en relations avec 116 sociétés savantes françaises et étrangères. Elle publie un bulletin qu'elle sert gratuitennent à tous ses membres et correspondants.

Elle est formée en cinq grands comités : comité d'agriculture et d'horticulture ; comité de viticulture et d'œnologie ; comité d'industrie et mécanique ; comité d'économie domestique et constructions ; comité d'histoire, sciences et arts.

Depuis 1894, les agriculteurs peuvent s'adresser à la société pour l'analyse gratuite de leurs engrais et de leurs terrains.

Société linnéenne. — Autorisée par arrêté préfectoral du 28 juillet 1852, la *Société linnéenne* a été fondée « pour étudier, sous toutes ses faces, l'histoire naturelle de l'Anjou ». Elle publie des *Mémoires*.

La société se réunit les mois de novembre et avril, 32, rue David.

Parmi les autres groupes d'études qui méritent une mention, citons encore :

La *Société d'études scientifiques*, fondée en 1871, se réunit le premier jeudi de chaque mois dans une salle de l'ancienne Cour d'appel, et publie chaque année le compte-rendu de ses travaux en bulletin ;

La *Société de Médecine*, composée de médecins, pharmaciens et vétérinaires, se réunit le premier mercredi de chaque mois, publie en bulletin annuel le compte-rendu de ses travaux et de ses observations ;

Le Comité angevin de la *Ligue de l'Enseignement*, qui, chaque hiver, donne des séries de conférences intéressantes dans la salle des fêtes de la Mairie ;

La *Société de Photographie*, fondée en 1895, donne des conférences et organise des expositions ;

Un comité local de l'*Alliance française*, une *Société des Architectes*, etc., etc.

Commerce et Industrie

La progression continue de la population angevine est un fait qui prouve suffisamment par lui-même que l'industrie et le commerce de notre ville, déjà florissants au moyen âge, acquièrent une importance de plus en plus considérable.

Comment pourrait-il en être autrement, d'ailleurs ? Placée au centre d'un département dont le sol et les sous-sols sont également riches, desservie par de grandes lignes de chemins de fer qui, mieux encore que la Loire, entretiennent depuis cinquante ans ses communications avec le monde commercial, la ville d'Angers est du nombre de celles auxquelles la centralisation contemporaine doit être le plus profitable.

S'il était jamais donné à notre terre d'Anjou de conquérir son rang industriel et commercial, elle ressortirait parmi les mieux pourvues de bénéfices naturels. Ses vignobles aux crûs renommés, dont les négociants de Hollande exportaient autrefois les produits jusqu'en Amérique; les lins et les chanvres de sa vallée; ses pépinières enviées; ses produits horticoles qui font prime sur tous les marchés; ses grasses prairies grouillantes de bœufs, de porcs et de moutons; ses cidres, ses vins champagnisés, ses liqueurs, ses confiseries, ses pruneaux dont le commerce du XVIIᵉ siècle tirait des fortunes proverbiales; ses ardoisières, ses carrières de tuffeau et de granit, ses mines de houille et d'anthracite, de fer, de plomb, même d'argent et d'or, ses fours à chaux et ses hauts-fourneaux; ses manufactures de toiles à voiles, ses tissages et filatures de laine, de lin et de chanvre, ses fabriques de bimbelotterie et de chapelets; ses cordonneries, ses poteries, ses tanneries, ses verreries, ses papeteries, toute cette diversité de produits dont plusieurs restent malheureusement inexploités, ne donnent-ils pas de l'Anjou l'idée d'un pays magnifiquement et exceptionnellement doté par la nature?

Placée au centre d'un pareil territoire, une ville importante comme Angers ne peut que prospérer. Aussi, les affaires y sont-elles généralement bonnes.

Nous avons parlé ailleurs de la Chambre de Commerce et du Tribunal de Commerce. En 1896, le Tribunal de Commerce d'Angers a eu à s'occuper de 693 affaires intéressant l'arrondissement, parmi lesquelles seulement 48 faillites et 15 liquidations judiciaires.

Sur les 15 liquidations judiciaires, une, terminée par concordat ferme, a produit 100 0/0 ; une terminée par réalisation de l'actif abandonné, a produit 8 0/0 ; cinq terminées après refus de concordat ont produit : deux 31 et 32 0/0 ; deux 20 et 25 0/0 ; une 13 0/0.

Deux faillites terminées par concordat ont produit 100 0/0 ; dix-neuf faillites terminées après union des créanciers ont donné les dividendes ci-après : deux n'ont rien produit ; 10 ont produit de 1.70 à 9 0/0 ; 2 ont produit de 11.71 à 47.50 0/0 ; 1 a produit 23 0/0 ; 3 ont produit de 39 à 40 0/0 ; 1 a produit 49 0/0.

Les liquidations et les faillites déclarées en 1896 se répartissent comme suit : industrie du bois, 3 ; des métaux, 2 ; du bâtiment, 3 ; de luxe, 1 ; de l'alimentation, 9 ; de l'habillement, 8 ; de l'ameublement, 2 ; aubergistes-logeurs, 6 ; papeterie, 1 ; pharmacie, 1.

2,620 électeurs sont inscrits pour le Tribunal de Commerce dans les trois cantons d'Angers, et 925, dans l'arrondissement, pour la Chambre de Commerce.

En parlant de la Bourse du Travail, nous avons dit un mot des syndicats ouvriers ; les syndicats patronaux sont encore moins nombreux. Mentionnons : la Chambre syndicale des Entrepreneurs, le syndicat de la Boucherie et celui de la Charcuterie, un syndicat de Propriétaires et deux ou trois autres qui ne font pas souvent parler d'eux.

Les grèves sont heureusement rares, relativement au nombre considérable d'ouvriers employés dans les manufactures. Les dernières datent de : 1890, carriers de Trélazé ;

1891, allumettiers de Trélazé et cordonniers d'Angers ; 1892, manufacture Bessonneau ; 1893, cordonniers ; 1896, jardiniers, et une ou deux autres de minime importance et de peu de durée.

Foires. — Les marchés d'Angers se tiennent le samedi. En outre, des marchés de nuit, où s'alimentent les revendeurs, ont lieu les mardis, jeudis et samedis. au petit jour, sur le Champ-de-Mars.

Les foires sont ainsi fixées : le deuxième mardi des mois de janvier, février, mars et avril, 1er mai, lendemain de la Fête-Dieu (8 jours), deuxième mardi des mois de septembre et d'octobre, lendemain de la Saint-Martin (8 jours), 2e mardi de décembre, 2e samedi qui suit la foire de chaque mois.

Les emplacements sont les suivants : marché aux fleurs, devant la Mairie; légumes, sur le Champ-de-Mars et la Butte du Pélican; beurres, œufs, volailles. charcuterie, boucherie, place des Halles, où sont également installés les bazars et les marchands ambulants; bétail, place Larochefoucault-Liancourt; porcs. place Saint-Serge, devant la gare; chevaux, place Ney, au bas de la Chalouère; pailles et grains, place des Halles; farines, quai National, etc. Naguère, le marché au bois se tenait tous les mardis et vendredis de l'année sur la place Loricard: le marché au cuir y avait également lieu les deux premiers jours des deux grandes foires franches.

Tous les dimanches matins, des marchés de quartiers sont ouverts sur la place Grégoire-Bordillon et sur la place de la République, où sont installés des marchés couverts.

Le marché couvert de la place de la République est connu sous le nom de Poissonnerie. La première Poissonnerie, entreprise par des particuliers, fut autorisée par ordonnance du 7 mars 1831 et livrée au public le 30 mars 1834. Elle s'élevait sur l'emplacement actuel du Cirque-Théâtre. La Ville le racheta en 1848. Elle a été démolie en 1865 et transférée sur la place Cupif. devenue depuis place de la République, dans une importante construction, ayant près de 80 m. de longueur et protégée par une charpente en fer, sur le modèle des Halles de Paris, due à M. Henry, entrepreneur de serrurerie à Angers.

Un autre marché couvert bien aménagé est ouvert rue Lenepveu. Il est la propriété d'un particulier.

Abattoir. — Boulevard de Nantes, près du pont de la Basse-Chaîne.

Avant la construction de l'Abattoir actuel, les bouchers de la ville tuaient leurs animaux chez eux, comme cela se pratique encore en campagne. L'horreur d'entendre leurs râles et de voir leur sang couler à ruisseaux provoqua, dès 1828, l'idée de créer un abattoir unique, assigné à toutes ces tueries.

L'emplacement donna lieu à de grandes contestations. Autorisés par ordonnance du 18 juillet 1833, les travaux furent mis en adjudication seulement le 21 octobre 1841. Ils se terminèrent en 1846, sur un règlement de comptes de 254,000 fr., et l'Abattoir fut livré au service public au commencement de 1847.

L'architecte en est M. Moll, membre de l'Institut, dont le nom est déjà venu sous notre plume (voir : *Hôtel Pincé*). — En 1859, un pavillon a été ajouté pour le logement du directeur.

Les droits de place y sont fixés à : 4 fr. 15 pour les bœufs et vaches; 3 fr. 50 les chevaux; 1 fr. 40 pour les porcs; 0,85 c. les veaux; 0,60 c. les moutons et chèvres; 0,50 c. les agneaux et chevreaux; etc.

Le personnel comprend un directeur, un concierge et un surveillant, payés par la Ville, et des *volontaires*, rétribués par les bouchers et charcutiers. Plusieurs vétérinaires y sont attachés, pour l'inspection sanitaire des denrées.

Voici un tableau comparatif de cinq récents exercices :

Années	Bœufs Taureaux Vaches et Génisses		Veaux		Moutons et Brebis		Agneaux et Chevreaux		Porcs		Chevaux		Boucs et chèvres		Totaux	
1895	22.513	75	11.341	55	10.852	20	1.241	»	12.654	60	1.498	»	25	20	60.126	80
1894	26.655	45	12.612	30	10.869	60	1.881	50	13.295	80	1.897	»	40	20	67.251	85
1893	26.427	20	15.190	35	12.171	»	1.006	50	15.163	40	2.866	50	29	40	72.854	35
1892	24.435	20	13.535	45	10.869	»	1.299	»	14.707	»	2.642	40	53	80	67.543	90
1891	23.721	40	12.642	90	10.461	»	1.272	50	14.428	40	2.810	50	105	»	65.421	70

Octroi. — L'octroi de la ville d'Angers a été géré par l'administration des contributions indirectes, depuis 1835 jusqu'au premier janvier 1888, époque à laquelle il fut mis en régie simple.

A la tête du personnel sont placés : un préposé en chef et deux contrôleurs.

Des bureaux de recettes aux entrées sont placés dans les trois gares, à l'abattoir et sur toutes les routes.

Les tarifs des droits à percevoir par l'octroi et par la régie des contributions indirectes comprennent notamment :

Boissons : Vins tant en cercles qu'en bouteilles et vins de liqueurs, l'hectol. 3 fr. 20 ; cidres et poirés, l'hectolitre, 1 fr. 60 ; alcool pur contenu dans les eaux-de-vie et esprits en cercles, 24 fr. ; vins alcoolisés, l'hectolitre, 48 fr. ; alcool dénaturé, 7 fr. 50 ; vinaigre, l'hectolitre, 4 fr. 50 ; bière de toute espèce fabriquée dans l'intérieur et importée, l'hectolitre, 5 fr. ; bière de provenance étrangère à la France, 6 fr. 50.

Comestibles : Bœufs, vaches, veaux, moutons, agneaux, chevreaux, porcs, par 100 kilog., 4 fr. ; viande dépecée de boucherie, le kilog., 0 fr. 08 ; viande de porc, graisse, lard, le kilog., 0 fr. 07 ; charcuterie, le kilog., 0 fr. 10 ; poissons de mer, saumons, sardines, etc., le kilog , 0 fr. 15 ; poisson de mer vendu à la criée, *ad valorem* 7 0/0 ; huîtres, 0 fr. 10 ; lapins, perdrix, poules, poulets, canards, etc, 0 fr. 15 ; oies, dindes, dindons, faisans, lièvres, etc., 0 fr. 30 ; bécasses, perdrix, poules-d'eau, ramiers, etc., 0 fr. 10 ; chevreuil, cerf et sanglier, le kilog , 0 fr. 30 ; truffes, 1 fr. volailles et viandes truffées ou préparées, 1 fr. ; oranges, le kilogramme, 0 fr. 06 ; fruits secs de table, conserves de fruits, le kilog. 0 fr. 10.

Combustibles : Bois de chauffage, dit hanoche, dur, le stère, 1 fr. 20, tendre, 1 fr. 20 ; bourrées de 1re classe, le cent 2 fr. 50, de 2e classe, 1 fr. 50, de 3e classe, 1 fr. ; charbon de bois et braise de four, les 100 kilog., 1 fr. 10 ; charbon de terre et coke, les 100 kilog., 0 fr, 25 ; cire blanche, bougie de cire blanche, et de blanc de baleine, toute autre matière mélangée et composée, etc., le kilog., 0 fr. 20 ; cire jaune et blanche en morceaux, bougies, cierges de cire jaune, demi bougies et chandelles dites économiques, etc., le kilog., 0 fr. 20.

Les quantités inférieures à celles déterminées au tarif paient le droit proportionnel.

L'octroi a rapporté à la Ville, en 1895, la somme de 1.321.576 fr. 35 c.

— Les droits de place sont affermés 52.600 fr., à cette somme, il convient d'ajouter celle de 6.225 fr. pour les droits sous les halles couvertes et les baraques de la foire.

Les droits de pesage, mesurage et jaugeage, produisent 6.000 fr , le droit d'affichage plus de 3.000 fr.

Établissements de crédit. — Il existe à Angers de nombreux établissements de crédit.

La *Banque de France* y a une succursale, créée le 21 juin 1850. Sur les 94 succursales de ce grand établissement, notre ville occupait, en 1894, le 16e rang, par rapport au chiffre d'opérations. Elle est montée, en 1895, au 15e rang, avec 80.521.300 fr. au montant de ses opérations et 33.141 fr. de bénéfice net ; en 1896, au 14e rang, avec 102.558.300 fr., au montant de ses opérations et 69.277 fr. de bénéfice net. Aucune perte. — Les bureaux de la Banque de France sont situés à Angers, 4, rue Joubert ; ils sont ouverts tous les jours, de 9 h. à 4 h.

— Un autre grand établissement financier, le *Crédit Lyonnais* a sa succursale, 30, boulevard de Saumur. Dans le hall qui précède la salle des opérations sont affichés les cours, les émissions et, deux fois par jour, des dépêches annonçant les principaux événements.

La ville possède en outre, une succursale de la *Société générale* pour favoriser le développement du commerce et de l'industrie (17, rue d'Alsace) ; quatre banques importantes et un cabinet d'agent de change.

Haras. — Rue Paul Bert.

Le 24 novembre 1791, le Conseil général décida la création d'un haras à Angers, pour remplacer les étalons des haras royaux vendus quelques mois auparavant sur le champ-de-foire. Ce haras fut établi à Saint-Serge, il comprenait, lors de la création, un seul étalon.

Le 14 janvier 1797, l'établissement fut transféré dans l'ancien enclos des *Incurables*, où il est encore actuellement. En 1803, le préfet acheta 12 étalons. Un décret impérial du 4 juillet 1806 réorganisa les haras nationaux. En 1820 eut lieu une réfection des bâtiments. Le dépôt a été transformé en 1844-1846, lorsque fut percée la rue d'Orléans, aujourd'hui rue Paul-Bert.

Le dépôt d'étalons d'Angers dessert les départements de

Maine-et-Loire, de la Sarthe et de la Mayenne, il est rattaché à la circonscription de Caen et fait partie du 3ᵉ arrondissement d'inspection générale.

Son effectif qui s'accroît constamment depuis quelques années, comprend aujourd'hui 132 étalons, qui, pendant la belle saison, vont faire la monte dans les stations désignées par les conseils généraux des trois départements intéressés.

L'élevage du cheval, si florissant dans le département — limitrophe — de la Vendée, ne tient pas d'ailleurs la place qu'il pourrait avoir dans les préoccupations de nos populations agricoles.

Les Ardoisières. — Bien que l'exploitation des carrières d'ardoises ne s'exerce aucunement sur le territoire de la commune d'Angers, elle intéresse trop directement notre production commerciale pour que nous puissions ne pas la compter au premier rang de nos industries angevines.

Les communications entre Angers et Trélazé, grâce aux tramways électriques, sont devenues aussi faciles, d'ailleurs, que si Trélazé était l'un de nos faubourgs. Un certain nombre d'ouvriers font même partie de notre population et les bureaux de la Société des Ardoisières sont situés à Angers, 34, boulevard du Château.

Cette société ou *Commission centrale des ardoisières*, s'est constituée définitivement, à la date du 1ᵉʳ janvier 1827, entre les diverses sociétés d'actionnaires qui exploitaient les différentes carrières de Saint-Barthélemy et de Trélazé.

On sait que ces carrières sont ouvertes sur un banc de schiste tégulaire. Ce banc, que l'on voit se manifester aux environs de la Butte-d'Erigné, traverse la Loire, se continue, énorme, vers Angers, Trélazé, Avrillé, puis se prolonge vers Segré, vers la Loire-Inférieure, vers le Finistère. Toutefois, il convient de bien remarquer que c'est dans les ardoisières d'Angers-Trélazé que la fissilité du schiste présente les conditions les plus favorables d'exploitation.

Entre l'Authion et Saint-Léonard, sur une longueur de 5 kilomètres de l'est à l'ouest, quatre veines bien distinctes ont été constatées. Deux seulement sont exploitées : la veine du Nord ou des Petits-Carreaux ; la veine du Sud ou des Grands-Carreaux. L'ardoise n'est pas au ras du sol ; les travaux de *découverture* ont à traverser une *cosse* extérieure

Ardoisières de Trélazé

de 15 à 20 mètres d'épaisseur pour arriver à la couche exploitable.

L'ardoise n'était guère employée qu'à l'état de moellon pour construire, avant le XIIᵉ siècle. On a retrouvé en 1832, dans la plus vieille carrière de Trélazé, la Brémaudière, des monnaies mancelles de cette époque. L'exploitation, que l'on suit depuis lors, était ralentie par les procédés rudimentaires et ne dépassait guère d'abord les besoins locaux. On montait les pierres à dos d'homme, on épuisait les eaux par des tours à bras; il ne fallait pas songer à descendre beaucoup plus bas que trois mètres dans le schiste. C'est au XVIIIᵉ siècle que s'est organisée, à proprement parler, l'exploitation des ardoisières angevines. On trouve l'activité croissante : en 1728, cinq carrières produisant 12 millions d'ardoises; sept carrières en 1750; onze en 1792, occupant 2.100 ouvriers; cinq en 1808, produisant 52 millions d'ardoises; en 1830, neuf occupant 2.300 ouvriers et produisant 111 millions d'ardoises; en 1860, six pour 2.900 ouvriers et 206 millions d'ardoises, etc... L'effort s'est arrêté à ce maximum.

De curieux privilèges et coutumes existèrent sur ces chantiers, auxquels la Bretagne prolifique envoyait le surcroit de sa population demander du travail : le lecteur trouvera sur ce travail tous les détails de mœurs dans le riche DICTIONNAIRE de l'Anjou de M. Célestin Port, qui dépeint si artistement, d'autre part, le caractère sauvage de ce pays perdu au milieu de la molle et verdoyante vallée angevine.

« Le sol est noir, écrit-il, parsemé à peine de touffes de genêts et d'ajoncs, creusé çà et là de larges excavations, où croupit une eau verdâtre (les vieilles foncées abandonnées), où de toute part se hérissent des amoncellements énormes de débris schisteux. Tout au sommet sous l'abri d'un paillon ou *tue-vent*, le perroyeur d'*à haut* débite, avec son ciseau et son maillet de bois, « l'ardoise fine », la *carrée*, le *poil taché*, le *poil roux*, l'*héridelle* ou l'*anglaise*, la taille, l'équarrit, la façonne en trois ou quatre coups, portés d'une main sûre. Au pied se dressent de colossales cheminées et l'étagement gigantesque d'engins sous lesquels s'ouvrent béants d'immenses gouffres, découpés avec la pointe et le pic ou enlevés à la mine. Au fond s'agitent les groupes d'ou-

vriers d'*à bas*, bèchant *à ciel ouvert* le roc et l'empilant
sur des bassicots, qui descendent vides et remontent alour-
dis de blocs de pierre ; ailleurs l'abîme paraît désert, mais
de droite ou de gauche plongent dans les parois des cou-
loirs sombres, étroits, qui vont s'agrandissant par galeries,
creusées sous voûte dans les mêmes conditions qu'à ciel
ouvert, et où l'exploitation se poursuit aujourd'hui, sur des
plans fixes et dans une veine étudiée. C'est un ouvrier d'à-
bas, Boudaron, qui en 1842, essaya le premier aux Grands-
Carreaux ce système, pratiqué dès avant la Révolution dans
les Ardennes. La foncée la plus profonde, poussée à ciel
ouvert, s'est arrêtée aux Petits-Carreaux, à 42 foncées,
125 mètres, tandis que par galerie l'extraction est pour
ainsi dire illimitée, et aux Fresnais par exemple, porte deux
étages de chambres et peut atteindre 250 mètres de profondeur. »

Pour visiter les ardoisières, il convient de se faire guider
par un ouvrier ou un enfant, d'en demander préalablement
l'autorisation soit au gérant de la Commission, soit aux
directeurs qui dirigent chaque exploitation.

Ces exploitations sont actuellement au nombre de huit :
Montibert, les *Petits-Carreaux*, la *Paperie*, *Pont-Malem-
bert* (inexploitée), la *Grand'Maison*, sur la veine du nord ;
les *Fresnais*, l'*Ermitage*, sur la veine du sud ; les *Grands-
Carreaux*, l'*Ermitage* sur les deux.

Le fond de l'une des ardoisières à ciel ouvert, celle des
Grands-Carreaux, s'est effondré dans un éboulement considérable, qui a écrasé un contre-maître et deux ouvriers
dans sa chute, survenue le 5 janvier 1868. Que d'ouvriers
tués depuis lors !

Les ardoisières ont été inondées, le 7 juin 1856, par une
grande crue de la Loire ; il fallut plus de six mois pour les
tarir. Aussi la Commission a-t-elle fait construire une levée
pour les protéger : c'est la *levée Napoléon*, qui, depuis
1860, s'étend sur une longueur d'une lieue, entre la route
d'Angers à Tours et la levée du chemin de fer.

D'autres travaux méritent d'être signalés. La création de
la *Scierie mécanique* (1851), de la *Tréfilerie* (1856). les
expériences sur le *tirage simultané des mines par l'électricité*
(1857-1887), sur *l'éclairage électrique* (1861-1878), les ins-
tallations des *pompes pour l'épuisement des eaux des*

fonds, l'installation de *la pompe de la levée Napoléon* (1883) pour la protection des carrières et du bourg de Trélazé contre les inondations du bassin intérieur, transformèrent complètement l'industrie ardoisière et donnèrent une impulsion considérable aux travaux.

Les vues des administrateurs ne se bornèrent pas aux côtés matériels de l'exploitation ; des *chambres de dépense* (1855) ; des *caisses de secours*, des *caisses de retraites* (1862) ; des *sociétés de prévoyance mutuelle* (1892), permirent d'assurer l'existence de l'ouvrier laborieux sur le centre ardoisier d'Angers.

Tels sont, brièvement résumés, les principaux traits qui caractérisent cette industrie minière de premier ordre, produisant par an, selon les besoins, entre 150 et 260 millions d'ardoises diverses et occupant en moyenne 2 à 3.000, même 3.500 ouvriers et journaliers de toutes catégories.

On peut aller à Trélazé soit par la voie des tramways électriques (départs tous les quarts d'heure, place du Ralliement) ; soit le chemin de fer d'Orléans, la ligne de l'Etat ou celle du chemin de fer à voie étroite de l'Anjou.

D'autres carrières d'ardoises, mais beaucoup moins importantes, existent également à Avrillé (voir plus loin), à quelques kilomètres d'Angers, ainsi qu'à Combrée et à Noyant-la-Gravoyère, dans l'arrondissement de Segré, puis dans un arrondissement de la Mayenne limitrophe de l'Anjou.

Tissages et Filatures. — Si dès 1728 on trouve à Trélazé cinq ardoisières en pleine activité, dès 1649 on voit se créer, à Angers, une manufacture de toiles à voiles. La culture des lins et des chanvres, répandue dès le xiiie siècle dans la haute et basse vallée, fut exploitée au profit de cette fabrique et d'une autre semblable, dont elle amena la fondation à Beaufort, en 1750. On comptait dès cette époque, sous la même direction, 8.000 ouvriers et 200 métiers battants.

Le mouvement n'a fait que s'accentuer. Aujourd'hui, les lins et chanvres de la Vallée ne suffisent plus à entretenir les usines, qui, grâce à la vapeur, ont doublé d'importance et qui vont chercher leurs matières premières jusqu'en Italie et en Amérique.

La filature et corderie de M. Bessonneau, qui tient la tête

de ce genre d'industrie, est une des plus considérables du monde et sa réputation est universelle.

Fondée il y a 60 ans, elle n'a pas cessé, depuis lors, de grandir et de progresser, grâce à d'intelligentes initiatives toujours en quête de nouveaux perfectionnements.

On y fait tous les travaux relatifs à la filature du chanvre et à la corderie, et ses produits manufacturés comprennent toute la gamme des fils, ficelles et cordages, depuis les fils à cordonnier les plus fins, jusqu'aux plus gros câbles de mines.

A ces industries sont venus s'ajouter d'importants ateliers pour la confection des câbles métalliques, qui ont placé Angers au premier rang pour cette fabrication en France.

M. Bessonneau y a joint un tissage de toiles à voiles, de toiles à bâches et de tuyaux pour incendie, lequel est appelé à prendre une grande extension grâce à la réputation de ses marques déjà très répandues à l'étranger.

Il a en outre installé de grands ateliers à bois pour la fabrication des appareils de gymnastique, des jeux de sports et des raquettes de lawn-tennis, industrie nouvelle en France, ces articles s'étant fabriqués jusqu'à ce jour en Angleterre.

Elle occupe, auprès du Mail, tout un quartier, et son personnel masculin et féminin figure pour un chiffre fort convenable dans la statistique de la population. M. Bessonneau, qui n'hésite jamais devant aucune amélioration quand il s'agit de son outillage, a également fait construire sur le vaste terrain qui entoure la manufacture, des habitations à bon marché qui servent à une partie de ses employés.

— Une autre fabrique, qui a succédé à la première fabrique de toiles angevine, est celle qui appartint longtemps à la famille Joubert ; elle est exploitée aujourd'hui par MM. Max Richard, Segris et Bordeaux. C'est l'*Ecce Homo*, du nom d'une ancienne closerie située en cet endroit de Saint-Laud, et qui fut vendue nationalement, le 27 pluviôse de l'an III.

Industrie de la chaussure. — C'est à l'honorable M. J. Liard, manufacturier, rue d'Anjou, que notre cité doit la création à Angers, en 1856, de l'industrie de la chaussure confectionnée. M. J. Liard débuta rue Boisnet et rue du Mail. Si ses débuts furent modestes, sa maison prit peu à peu une grande importance. Aussi dut-il s'installer quelques années après rue d'Anjou, où il fit édifier une belle manufacture, qui est toujours en pleine prospérité. M Liard eut vite des imitateurs, d'abord M. Pierre Rousset, installé parvis St-Maurice et plus tard boulevard du Château. Cette maison a depuis disparu.

Vers 1866, M. Savaton créait une maison du même genre que ses devanciers. Mais dès 1871, cet établissement prenait une extension considérable, et en 1880 était cédé à M. O. Hamard.

De 1870 à nos jours, plusieurs maisons dont quelques-unes ont acquis une réelle importance, prirent place auprès de leurs aînées ; ce furent les manufactures J. Malbert, Descoings-Jouteau, Renard, Aubin et Chrétien, Dureau-Brossard et Biotteau frères.

Aujourd'hui, cette industrie a pris sur la place d'Angers, une extension considérable. Ses produits sont très estimés et expédiés dans toutes les parties de la France, mais jusqu'ici l'exportation a été à peu près nulle.

Aujourd'hui, la réputation des manufactures de chaussures angevines est bien et solidement établie ; elles occupent de 2.500 à 3.000 ouvriers et ouvrières, et le chiffre d'affaires réalisées par elles dépasse chaque année la somme de six millions de francs.

L'industrie des liqueurs. — Depuis une trentaine d'années, l'industrie de la fabrication des liqueurs a pris un développement considérable à Angers, sous l'impulsion de quelques maisons qui n'ont pas hésité à s'imposer des sacrifices énormes pour aller porter à l'étranger, le résultat de leurs efforts.

Telle est la maison Cointreau, notamment, dont le « Triple-Sec » va faire concurrence au fameux Curaçao Hollandais, en Hollande même.

Le sol d'Anjou produit des fruits si merveilleux que, dès le xviie siècle, on fabriquait, avec les cerises de ce pays, le « Guignolet d'Angers ».

Les maisons Frémy de Chalonnes, Guéry d'Angers, Rayer, Giffard et la Grande chocolaterie et confiserie Gaucher, ont développé considérablement la fabrication et la vente du « Véritable Guignolet d'Angers ». Par une réclame répétée et intelligemment faite, la Maison Cointreau a ouvert des débouchés pour cet article, presque sur tous les points du globe; et aujourd'hui on trouve du Guignolet d'Angers sur toutes les tables.

Ce qui distingue peut-être, les liquoristes d'Angers de leurs confrères d'autres régions, c'est que, à part un ou deux, qui sont des spécialistes, tels que MM. Giffard et Gaucher, par exemple, les distillateurs angevins sont fabricants de toutes les liqueurs.

Ils conservent les traditions de bonne fabrication, travaillant avec des fruits ou avec des plantes, vertes ou sèches, suivant les circonstances, et ne cédant point à l'entraînement général qui, par raison d'économie, incite les distillateurs à n'employer que des essences.

C'est pourquoi la distillerie angevine tient un des premiers rangs dans l'industrie similaire de la France ; et nos distillateurs sont toujours très flattés lorsque les touristes, de passage en notre ville, leur font l'honneur d'une visite, dans laquelle on leur démontre que le « Véritable Guignolet d'Angers » est réellement fait avec des cerises ; que le « Triple-Sec » est bien le produit de la macération et de la distillation des écorces d'oranges de différentes provenances et de sortes variées.

Sports, Plaisirs, Excursions

Les habitants de ce pays de la vigne, qui arrêta quelque temps le Philosophe ami du rire et de la dive bouteille, et que René d'Anjou peupla de gentils castels pour ses plaisirs, ébats, pas d'armes et prouesses de fêtes populaires, les habitants de ce pays joyeux s'entendent parfois — sans se fâcher d'ailleurs — narguer d'un vieux dicton aussi calomnieux qu'insignifiant : « Angevin, sac à vin ! » — La rime va toute seule, mais ce coup de langue cancanier, venu d'on ne sait où, et qui met déraisonnablement le vin en sac, n'offense personne chez nous. Pourtant, que celui qui, malicieusement, s'en sert contre nous, se méfie ; l'angevin narquois lui répliquera en allant quérir une bouteille de derrière les fagots qui, sans trahison aux bonnes traditions de l'hospitalité, fera voir à l'imprudent railleur qu'on ne se gausse pas impunément du vin d'Anjou.

Andecavi molles est aussi une locution fréquente dont quelques pédants se servent pour dénigrer les Angevins; on va même jusqu'à attribuer le mot à César en personne. En réalité, une telle appréciation du caractère angevin n'existe dans aucun livre, et M. Port, qui a parcouru l'Anjou en tous sens depuis trente ans, loue plutôt « ces populations de bienvenue si franche et si aimable, de nature si douce et si facile », et qui ont fait preuve en tout temps « d'une généreuse ardeur et d'une énergie indiscutée ».

Le fait est que nos compatriotes aiment la vie facile, ou, pour parler plus exactement, qu'ils y sont habitués. Vivant dans un pays riche en produits de pure nature, qu'il paisse ses troupeaux dans les hauts herbages du bocage, qu'il cultive les chanvres de l'abondante vallée, ou qu'il soigne ses vins sur les coteaux du Layon et du Saumurois, l'Angevin n'a qu'à demander à la terre pour qu'elle lui donne à profusion. L'arrondissement d'Angers participe à toutes ces cultures, partant à toutes ces récoltes ; aussi la vie y est aisée. Le vin pétillant et délicieux, presque comparable au champagne, que l'on trouve autour d'Angers (Serrant, Savennières, Faye, Soulaines, Beaulieu, Saint-Lambert, Thouarcé, Briollay, etc.), alimente la gaîté angevine, et il est peu de familles, même des plus déshéritées, qui ne passent le dimanche d'été sans clôturer le dîner sur l'herbe par une ragaillardissante bouteille de vin d'Anjou.

Angers aime le luxe : la description de ses monuments en témoigne ; Angers adore le plaisir : nous avons parlé du théâtre, des concerts qui attirent la foule au Mail comme autrefois les ébats des étudiants. Mais les fêtes et les sports ne lui suffisent pas, et rien ne paraît à son goût comme une partie de campagne, un beau dimanche d'ensoleillée.

Vieille ville de basoche et d'art, où le rire spirituel a été de tout temps le commentaire du travail facile et rémunérateur, Angers épanche dans la gaîté enthousiaste et saine le trop plein de sa nature généreuse... Et si la population est folle de plaisirs et de fêtes, personne ne saurait y trouver à redire, dès lors que la bienfaisance y a toujours sa large part.

Les Sports. — Les premières courses de chevaux d'Angers ont été inaugurées les 14 et 16 août 1836 dans les prairies d'Ecouflant.

La *Société des courses d'Angers* donne chaque année deux journées de fêtes consécutives, qui attirent sur l'hippodrome d'Eventard (acquis en 1863), en même temps qu'une foule nombreuse, l'élite de la société de la ville et du département et les sportsmen de la région. Le défilé des attelages, au retour, par la route de Paris et au débouché du Champ-de-Mars est toujours suivi avec une vive curiosité par le public. — Les courses d'Angers sont subventionnées par le Gouvernement de la République, par le Conseil général, le Conseil municipal et différentes sociétés.

La *Société hippique de Maine-et-Loire*, fondée pour encourager la production et l'élevage du cheval d'armes et de service, organise chaque année un *concours hippique*, qui se tient. pendant trois jours consécutifs, sur le *Champ-de-Mars*. Ces réunions sont très fréquentées. — Subventions du Département, de la Ville et de la Société hippique française.

— Le sport vélocipéd que jouit d'une grande faveur à Angers. Plusieurs des célébrités de la pédale y ont vu le jour, et l'un des premiers journaux qui ont défendu les intérêts des vélocipédistes, la *France cycliste*, se publiait à Angers, il y a quelques années.

Le *Véloce-Club angevin* a été fondé en 1875. Il compte actuellement environ 350 membres. La cotisation est fixée à 12 francs pour les membres actifs et à 6 francs pour les correspondants. Ses grandes courses, qui réunissent des champions réputés, ont lieu chaque année le jeudi de l'Ascension et le dimanche suivant, dans le Jardin du Mail et l'avenue Jeanne d'Arc. Leur éclat s'étend non seulement sur Angers et la région, mais encore sur tous les centres vélocipédiques, tant français qu'étrangers. Le V. C. A. organise également des promenades, le dimanche, pendant la belle saison. Le siège de la société est à l'Hôtel d'Anjou (boulevard de Saumur) ; on y trouve toutes les publications vélocipédiques de quelque importance.

Le *Vélo-Doutre-angevin* est plus jeune ; sa fondation date de novembre 1895. Il n'en comprend pas moins déjà environ 200 membres. La société qui, comme son aînée, est subventionnée par la Ville, donne des fêtes dans la Doutre, organise des promenades, etc.

— Le sport nautique est représenté à Angers par une société qui l'a ressuscité sur la Maine.

Angers-Nautique a vu le jour il y a quelques années et déjà la société est en pleine voie de prospérité. Les grandes régates qu'elle donne, chaque année, sur le bassin de Reculée, mettent en lice des équipes réputées dans tout l'Ouest ; le public y assiste avec un intérêt croissant d'année en année. En outre, cette société organise, pendant la belle saison, des séries de poules à la voile et à l'aviron qui servent à l'entraînement de ses canotiers. — Subventionnée par la Ville, elle a obtenu, en 1897, un superbe vase de Sèvres de M. le Président de la République pour ses régates.

Le garage d'Angers - Nautique se trouve à l'entrée de Reculée, vis-à-vis une *Ecole de natation*, fondée il y a cinq ou six ans, et également subventionnée par la Ville.

— La colombophilie a dans notre ville beaucoup de fervents adeptes, et le *Messager angevin* compte parmi ses membres des citoyens particulièrement estimés. Son concours est sollicité dans toutes nos fêtes, et, est-il besoin de l'ajouter, prêté avec le plus honorable empressement. Ses lâchers sont suivis avec un vif intérêt par un public qui comprend le vrai patriotisme. — Subvention de la Ville ; siège social à l'Hôtel d'Anjou, boulevard de Saumur.

— Une *Société de gymnastique et d'instruction militaire* a son siège dans la rue du Quinconce. Les cours de gymnastique ont lieu le mardi et le vendredi ; les cours d'instruction militaire (boxe, canne, bâton), le mercredi et le jeudi ; tir à la carabine, fusil gras au tir réduit.

— Angers est également le siège de la *Société de tir des 71ᵉ et 72ᵉ territoriaux*, et, depuis quelques années, du *Comité de l'Association des sociétés de tir et de gymnastique de l'Ouest*.

Citons enfin ici une *Association des chasseurs* dont le but est d'encourager à la répression du braconnage par la distribution de primes et de médailles. Siége : au Jardin fruitier.

Sociétés d'agrément. — Sur cinq ou six cercles qui existaient à Angers en 1854, trois se mirent d'accord pour créer, dans notre cité, un établissement sur le modèle du cercle des Arts tant admiré à Nantes. C'étaient : le cercle de la rue Saint-Aubin, composé en grande partie de jeunes gens ; le cercle des Arts, ouvert à la haute bourgeoisie et à la magistrature et qui avait recueilli quelques années auparavant l'héritage du cercle des Cordeliers, fondé en 1818 ; et le cercle du Commerce, rue Saint-Georges, fondé en 1813. Un emplacement fut acheté au coin de la rue Saint-Julien et du boulevard de Saumur, et le 11 avril 1854, un concours fut ouvert pour un plan de construction. Sur dix concurrents, M. Chesneau, architecte angevin, vit son projet adopté, et une somme totale de 140.000 francs lui fut allouée pour l'exécution de son œuvre.

Le *Cercle du Boulevard*, dont la première pierre fut posée le 19 novembre 1854, a été ouvert par un concert et un bal d'inauguration les 28 et 29 décembre 1855. Le groupe de trois statues qui surmonte son élégante colonnade est du sculpteur angevin Maindron.

L'aile du nord comprenait une belle salle de concert, où s'est installé, depuis quelques années, le *Cercle militaire* des officiers de la garnison.

D'autres sociétés existent çà et là dans la ville, dans des lieux de réunion qui, pour être plus simples d'aspect, n'en réunissent pas moins à l'intérieur toutes les élégances de bon goût. Signalons : le *Cercle du Collège* ou *des nobles* (10 avril 1805), installé au n° 23 du boulevard de Saumur depuis 1861 ; le *Cercle républicain* de l'Anjou dont les locaux occupent tout le premier étage de l'hôtel Lechalas, sur la place du Ralliement ; le *Cercle du Progrès*, fondé en 1890, dans la grande salle de l'ancien café Serin, 18, rue Saint-Martin ; le *Cercle de l'Industrie et du Commerce* (1859), 4, impasse Saint-Julien, etc., etc. Ajoutons-y les cercles et patronages catholiques que nous avons cités. (Voir : *Cultes*).

Dans une deuxième catégorie de sociétés d'agrément, nous rangerons celles dont le but est essentiellement de donner des fêtes à leurs membres et au public.

La première en vue est la *Cigale Angevine*, qui, à peu près chaque année, organise les défilés carnavalesques du Carnaval et de la Mi-Carême. La société occupe, 62, rue Saint-Laud, un local inauguré il y a quelques années, où auprès d'une salle de jeu parfaitement aménagée, est installée une scène qui s'ouvre tous les mercredis pour des concerts d'amateurs.

La société chorégraphique l'*Espoir de l'Anjou* pratique particulièrement l'art de la danse. Les membres se produisent trop rarement dans des spectacles où leur très gracieux concours est toujours fort remarqué.

Angers-Plaisir et l'*Union des familles* se réunissent dans des bals très fréquents, surtout l'hiver, à la salle Sainte-Hélène, dans le Mail. Ces veillées sont très goûtées des sociétaires qui s'y divertissent en famille.

Les *Sans-Souci* de la Doutre forment une société d'artistes amateurs qui donnent des concerts intéressants à la ville et à la campagne.

Il y en a d'autres : nous ne saurions avoir la prétention de les connaître toutes.

Après la classe riche et la classe moyenne, la classe ouvrière. La troisième catégorie de sociétés de plaisir comporte les lieux de réunions où les travailleurs passent leur dimanche — qu'ils allongent quelquefois du lundi — à converser amicalement ou à faire une partie.

Ces sociétés sont très nombreuses, il en existe dans tous les quartiers, quelques-unes remontent à une date déjà fort éloignée. ‑

Parmi les divertissements familiers, il faut remarquer un jeu qui, s'il n'est spécial à l'Anjou, possède tout au moins parmi nos compatriotes des amateurs passionnés : c'est le jeu de la *boule de fort*.

Que l'on imagine une fosse profonde d'un mètre, large de 7 à 10 mètres, longue de 20 à 25 mètres, en forme d'immense tuile renversée, tapissée de fin sable de la Loire, égalisé et comme lissé au rouleau. C'est le jeu. La boule est en forme de sphère légèrement aplatie aux deux côtés de sa circonférence ; un côté est concave ; le renflement est cerclé d'une jarretière de fer arrondie. La boule roule doucement sur ce fer, prend de l'effet à la montée de l'un ou de l'autre bord du jeu, emprunte de la force à la descente, décrit des paraboles, trouve des chemins pour passer entre deux, trois, quatre, huit, dix, quinze boules qui masquent le maître, tombe à plat à son côté ou, d'un effort, l'emporte avec elle au fond du jeu ; ou d'autre fois, filant droit, elle frappe la planche de clôture du jeu, revient en voltant sur ses plats et fait le point par derrière.

La partie, toujours très animée, se joue en deux camps qui comportent parfois chacun jusqu'à dix joueurs et plus. Deux personnes peuvent jouer en portant chacune plusieurs boules. D'autres fois on joue un championnat à la série.

Pas une société, pas un cabaret de banlieue qui n'ait son jeu de boules de fort, presque toujours couvert, afin de pouvoir jouer en bonne comme en mauvaise saison et la nuit comme le jour.

Deux joueurs amateurs viennent *étrenner*, le matin, en buvant une *fillette* ; à partir de deux heures, la partie bat son plein, recrutant les amateurs au fur et à mesure qu'ils se relaient, et durant parfois jusqu'à minuit, — heure fixée par l'administration pour la fermeture des cafés à Angers.

Excursions et promenades. — Tout dimanche, surtout pendant la belle saison, est chômé comme jour de fête par la population angevine. Les moins enthousiastes ou les moins fortunés font une promenade en famille soit vers les bois d'Avrillé, autour de l'étang Saint-Nicolas, ou sur les bords de la Maine, dans les prairies Saint-Serge ou d'Aloyau. On pêche à la ligne, on goûte sur l'herbe, on dîne le plus souvent dans l'une des buvettes champêtres qui bordent la banlieue depuis la Baumette jusqu'à Tivoli, et depuis Frémur jusqu'au Port-Champ-Bas. Là, les hommes se mêlent à la traditionnelle partie de boules, tandis que les femmes rencontrent de la compagnie sous les tonnelles voisines. Et le soir l'on revient au frais par bandes égayées, les vieux regrettant la journée trop brève, la jeunesse chantant à tue-tête le *Vin d'Anjou*.

Les environs sont également très fréquentés. Le dimanche, les tramways suburbains doublent le service; des omnibus sont mis en marche, des bateaux à vapeur montent et descendent la Maine. On se dispute les places pour les Ponts-de-Cé et Erigné; Trélazé et la Pyramide; Port-Thibault; Bouchemaine et la Pointe; Epinard, Ecouflant, l'Ile d'Amour, etc.

— Les Ponts-de-Cé sont situés à 4 kilomètres d'Angers. C'est une curieuse petite ville, bâtie au long d'une rue de plus de 3 kilomètres de longueur, et qui traverse en une série de sept ponts, le canal de l'Authion, de larges bras de la Loire et le Louet. Tous ces ponts ont été construits de 1818 à 1849, assurant au pays cette circulation incessante qui depuis des siècles enrichit les Ponts-de-Cé.

La construction des premiers ponts et l'origine de la ville ont été attribuées sans motifs à César. L'histoire remonte beaucoup plus loin; il est logique de croire que depuis la fondation même d'Angers les deux rives du fleuve communiquaient sur ce point précis.

Bien des souvenirs historiques se rattachent aux Ponts-de-Cé. Sur ces rives où existait l'une des deux communications seulement établies entre le Midi et le Nord, toutes les luttes de races et de partis ont amené des gens d'armes. Les Gaulois s'y rencontrèrent avec les Romains; les Francs contre les Normands; puis ce furent les Anglais et Duguesclin, Commines, les protestants, les catholiques et la Ligue, Louis XIII et Marie de Médicis, la Fronde, la Révolution et la Vendée.

Dans la première des trois îles dont se compose la commune, — île Saint-Aubin, — se dresse une vieille église datant des XIIe et XVIe siècles avec de belles peintures murales et des vitraux des XVe et XVIe siècles. Dans la troisième île, Saint-Maurille, qui est de beaucoup la plus vaste, l'église conserve de curieux tableaux du XVIIe siècle et de très belles stalles provenant du prieuré de la Haie-aux-Bonshommes (XVIe siècle).

Entre les deux îles est l Ile-Forte ; c'est là que se dresse le vieux château, reconstruit par le roi René sur l'emplacement de la forteresse établie autrefois par Charles le Chauve pour couper le passage aux Normands. René ne songeait qu'à s'y faire ouvrir un réduit pour manger à l'aise en plongeant la vue « tout le long des ponts ». — Ce château faillit devenir la propriété de Victor Hugo, lorsque le grand poète n'avait que 28 ans, et qu'il descendait la Loire en canot de Tours à Nantes. — Il a été acheté par la Ville en 1891 et affecté au casernement de la gendarmerie.

Tout près se trouvent : la mairie, au fronton timbré de fantaisistes armoiries ; l'usine d'électricité de la Compagnie des tramways ; l'usine élévatoire des eaux de Loire. De ci de là, par les trois îles, de vieux logis intéressants.

N'oublions pas de rendre un juste hommage à la beauté, depuis longtemps renommée, des jolies Pont-de-Céraises réputées entre toutes pour leur grâce, leur coiffage coquet et leur humeur « godine ».

La première visite de l'année des Angevins aux Ponts-de-Cé se fait le mercredi des Cendres. Les Angevins, qui sont d'instinct *loiriers*, viennent saluer le retour du soleil et faire leur première promenade à la campagne dans ce gai rendez-vous des jours de fêtes, aimé de la population citadine. On s'y divertit dans les prairies ; on y admire, sans se lasser, les magnifiques vues des ponts et l'on ne s'en retourne guère sans avoir mangé une de ces *bouilletures* renommées, rivales des matelotes d'Asnières.

— Nombre d'Angevins ont leur maison de campagne ou leur pied-à-terre à la ROCHE D'ERIGNÉ ; les vallons four-

millent de sites ravissants ; un joli château, de construction
récente, couronne la butte qui surplombe le Louet.

— A la Roche de Murs se rattache le souvenir d'un ter-

La Roche de Murs

rible fait d'armes. Le 26 juillet 1793, 12.000 Vendéens,
commandés par d'Antichamp, y surprirent un détachement
de 600 républicains dès 6e et 8e bataillons de Paris, commandés par le capitaine Bourgeois. Ecrasés par le nombre,
ils furent tous passés au fil de l'épée ou précipités dans les

flots du Louet qui coule au-dessous. La femme du capitaine, plutôt que de se rendre, préféra se jeter du haut de la butte.

Un monument, élevé à la mémoire de ces braves, a été inauguré en 1889.

Comme nous l'avons déjà dit (voir : *Angers moderne*), une ligne de tramways électriques partant d'Angers, place du Ralliement, aboutit à la Roche d'Erigné. Prix du voyage pour tout l'itinéraire, aller : 0 fr. 25. Service : toutes les demi-heures en hiver, tous les quarts d'heure en été ; consulter le GUIDE-BIJOU.

La ligne d'Angers à Poitiers, par Montreuil-Bellay, est également pourvue d'une halte aux Ponts-de-Cé.

Enfin, par voiture de place, les prix sont : pour les Ponts-de-Cé, 3 francs le jour et 4 francs la nuit ; pour Erigné et Mûrs, 5 francs le jour, 6 francs la nuit, et 1 fr. 50 l'heure de séjour là-bas.

— PORT-THIBAUD est un village situé sur la Loire, en Sainte-Gemmes.

Le domaine appartenait, au XIᵉ siècle, à Thibaud d'Orléans, cousin de Geoffroy de Martel, qui avait installé là des colons ayant charge de le passer sur la Loire pour aller à une maison de campagne qu'il possédait dans la Vallée. De là le nom de Port-Thibaud.

C'est aujourd'hui un rendez-vous de pêche et de plaisir pour les Angevins qui y vont le dimanche manger la bouilleture.

D'habitude, le dimanche, un ou plusieurs omnibus font le service, toutes les heures, entre Angers, boulevard de Saumur, et Port-Thibaud. Prix du trajet : 0 fr. 50.

Par voiture de place : 4 francs le jour, 6 francs la nuit.

— En été, les dimanches et fêtes, deux bateaux à vapeur font le service, l'un entre Angers et Epinard, avec arrêt au Port-de-l'Ile, l'autre entre Angers et Ecouflant, avec arrêt à l'Ile-d'Amour. (Consulter le GUIDÉ-BIJOU).

— ECOUFLANT est situé dans un joli site de prairies, au nord du large circuit formé par le confluent du Loir dans la Sarthe et de la Sarthe dans la Mayenne, c'est-à-dire à la formation même de la Maine. Rien de spécial à mentionner, si ce n'est, vers la Salle, quelques traces gallo-romaines.

— L'ILE D'AMOUR, entre la Sarthe et la Maine, entourée

de *luisettes*, est le but d'excursion des canotiers et des amoureux qui l'ont baptisée et choisie à leur usage.

— En face, PORT DE-L'ILE, qui communique avec l'île au moyen d'un bac.

— EPINARD, bourg sur la Mayenne, conserve quelques logis anciens qui méritent d'être regardés.

Mais tous ces endroits ne sont considérés par les Angevins que comme un but d'excursion facile et fréquentés pour les promenades dominicales.

— Un autre service de bateaux est établi, les dimanches et fêtes, entre Angers et Bouchemaine.

BOUCHEMAINE et LA POINTE, à l'embouchure de la Maine dans la Loire, n'offrent non plus rien de particulier, hormis la fraîcheur de leurs sites et leurs cabarets entourés de tonnelles où les *loiriers* vont manger la bouilleture.

— A 600 mètres, entre la Loire et la voie ferrée qui file sur Nantes, se dresse le reste mutilé de l'antique *Pierre Bécherellé*. Ce bloc énorme servait autrefois à marquer la limite du fief appartenant au Chapitre de Saint-Laud d'Angers.

Non loin, furent enterrés : Morainville, ancien fonctionnaire ; Gaultier, qui fut aide de camp de Bernadotte, et son ami et protégé Dervieux.

— BÉHUARD, aussi, attire les promeneurs angevins, surtout vers la fin des beaux jours, lorsque l'habitude de voir et de revoir les stations citées plus haut finit par devenir fastidieuse.

La commune, qui a conservé le nom d'un chevalier breton, protégé par Geoffroy Martel, occupe une grande île, longue de 4 kilomètres, entrecoupée de sentiers verdoyants et de vallons charmants de fraîcheur et de solitude.

L'église de Béhuard est curieuse dans sa rusticité. C'est absolument « la vieille église » des romanciers et des poètes. Bâtie sur le seul rocher qui se trouve dans l'île, mi-cachée par son vieux logis à pignon orné de fenêtres géminées à meneaux, de culs de lampes et de statuettes de vierge, s'ouvrant en haut d'un vieil escalier de pierre, ce petit temple fruste est orné d'un bout à l'autre de vitraux, tableaux et objets d'art antique. Les stalles à miséricorde, admirablement sculptées sont du xve siècle. A la voûte en carène de navire, combles de bois du xve siècle. Dans la seconde nef se voit un portrait de Louis XI donné par Charles VIII. Le roi pèlerin de toutes les Notre-Dame, est représenté de profil, la bouche pinçant un sourire que jaunit le longueur du nez et qu'aiguise la vivacité de l'œil ;

Église de Béhuard

robe jaune, pourpoint gris et calotte grise que surcoiffe le chapeau noir à basse forme.

Il faudrait, pour compléter cette monographie d'excursions angevines, dire un mot de tous les bourgs et villages limitrophes de la commune d'Angers, dont les assemblées offrent à la jeunesse citadine, des prétextes, saisis avec avidité, pour aller danser, jouer à la boule, humer le vin d'Anjou et remplir ces paisibles agglomérations de chansons et d'exubérance.

Pour les prix des voyages par chemins de fer, tramways, voitures, bateaux, dans les localités des environs d'Angers et de tout le département de Maine-et-Loire — ainsi que pour les messageries, heures de départs et d'arrivées, etc., consulter le Guide-Bijou.

Maine-et-Loire

Le département de Maine-et-Loire se compose de cinq arrondissements, 34 cantons, 381 communes. Il donne asile, d'après le recensement de 1896, à une population de 514.870 habitants sur une surfacee de 698.079 hectares, ayant perdu depuis le recensement de 1891, 3.719 habitants, alors que la ville d'Angers s'augmentait de 4.495, ce qui fait, pour les campagnes, une perte totale de 8.214 hab.

La température moyenne y est de 12° 1/2 centigrades; les grands froids y sévissent rarement, non plus que les fortes chaleurs; l'ouest et le sud-ouest du département sont quelque peu humides, sans pourtant que la pluie y atteigne la moyenne de la France.

Situé entre les 46° 59' et 47° 47' de latitude boréale et entre les 2° 6' et 3° 42' de longitude occidentale, le Maine-et-Loire a pour limites : au nord et au nord-est les départements de la Mayenne et de la Sarthe; à l'est, l'Indre-et-Loire; au sud-est, la Vienne; au sud, les Deux Sèvres; au sud-ouest, la Vendée; à l'ouest, la Loire Inférieure; au nord-ouest, l'Ille et-Vilaine.

Le département appartient au bassin de la Loire; le fleuve atteint la frontière angevine juste au-dessous du confluent de la Vienne, et quitte définitivement le territoire départemental au confluent de la Divatte. Il reçoit, entre ces deux points, le Thouet, l'Authion, la Maine, l'Aubance, le Layon, la Rome et l'Evre, toutes rivières grossies de rivières tributaires, au nombre de dix à quinze sans compter les ruisseaux affluents.

Les lignes de chemins de fer de l'Etat, de l'Ouest et de

l'Orléans, de la Compagnie de l'Anjou (voie étroite) sillonnent en tous sens le département, que traversent aussi 14 routes nationales (563.660 m.), et qui compte en outre 29 routes départementales (831.270 m.) et 48 chemins vicinaux de grande communication.

L'industrie agricole occupe en Anjou plus de la moitié des habitants.

Les souvenirs archéologiques y abondent, découverts et décrits par plusieurs écrivains, dont M. Célestin Port nous a résumé les recherches, en les centuplant des s'ennes propres et en les contrôlant, dans son remarquable *Dictionnaire de l'Anjou* : livre indispensable à quiconque entreprend de connaître notre pays, livre documenté par un savant, écrit par un artiste.

Les paysages sont charmants ; que de jolis sites ils offrent à l'admiration du touriste ! C'est la vallée de la Loire, herbeuse et ombragée, avec Montsoreau, Saumur, Gennes, Champtoceaux riant sur les hauteurs au milieu de délicieux panoramas. C'est le Layon aux coteaux couronnés de pampres. C'est la Sèvre Nantaise qui, comme un gave, roule entre des galets gros comme des dolmens. C'est la Mayenne couchée mollement au milieu de ses larges prairies. C'est l'Evre, onduleuse et bordée de futaies, tordant ses méandres au travers d'escarpements sauvages. C'est le Loir à Durtal, la Sarthe à Châteauneuf, le petit Lathan dans la forêt de Monnaie, et ce sont des étangs, découverts de ci de là, à l'improviste, derrière des haies vives, Et les sousbois, il n'y a qu'à aller en forêt : Brissac, Beaulieu, Bécon, dans l'arrondissement d'Angers ; Chandelais et Monnaie, dans l'arrondissement de Baugé ; Leppo et Maulévrier, dans l'arrondissement de Cholet ; Milly et Fontevrault, dans l'arrondissement de Saumur ; Longuenée et Ombrée, dans l'arrondissement de Segré.

N'ayons garde d'omettre le coteau des Gardes, point culminant du département (210 m.), et un peu au-dessous, sur la même colline, les buttes de la salle de Vihiers, avec leurs pleins horizons peuplés de bourgades et de villages.

La population du département ne parle aucun idiome particulier. Le costume indigène tend même à disparaître, les jeunes filles ont abandonné le mouchoir qui drapait le buste de nos mères. Seule subsiste la coiffe ; le chapeau et le bonnet ne l'on pas encore détrônée. Le type est la coiffe pont-de-céïaise, aux ailes tuyautées de gaufrures, retombant, papillonnantes, sur les tempes, le fond écrasé sur la chevelure. Vers Chalonnes, vers Baugé, vers Segré, c'est là même coiffe, mais le fond s'appetisse et se raidit, les ailes se relèvent comme en un vol. Dans la Vallée, toujours la même coiffe, mais écourtée, les ailes rognées, troquant sa fausse-corde aux larges boucles pour une torsade de ruban ou de fleurs. Les Mauges ont leur coiffe spéciale, plate avec des plis de mousseline brodée qui encadrent le front un peu sévèrement.

L'Anjou est formé de trois régions bien différentes, comme aspect : la vallée, le bocage et le pays de plaines.

La *vallée* est composée de terres qui bordent la Loire depuis Candes jusqu'à la Bohalle.

Le *bocage* comprend les arrondissements de Cholet et de Segré tout entiers, une grande partie de ceux d'Angers et de Baugé.

Le *pays de plaines* est presque entièrement étendu sur l'arrondissement de Saumur.

Arrondissement d'Angers. — 9 cantons, 89 communes, 172.937 habitants, 157.148 hectares.

ANGERS *nord-est* (13 835 hect.) : Ecouflant, 936-238 (1); Pellouailles, 428 222 ; Plessis-Grammoire, 799 205 ; Saint-Barthélémy, 1267-294 ; Saint-Sylvain, 1389 200 ; Sarrigné, 279 123 ; Villevêque, 1618-422.

Eglises : Ecouflant, partie du transept due à Jean Fombier de Fréaux, style flamboyant (xvie siècle), clocher 1720 ; Pellouailles, curieux tableaux ; Plessis-Grammoire xiie siècle, restaurée ; Saint-Barthélémy, tableau d'un maître du xviiie siècle : Villevêque, parties du xie siècle et xiie siécle.

Châteaux : A Saint-Barthélémy, Pignerolles ; à Saint-Sylvain, Echarbot, avec jolie chapelle ; à Villevêque, ancien manoir restauré des évêques d'Angers.

ANGERS *nord-ouest* (13 974 hect.) : Avrillé, 1018-406 ; Beaucouzé, 714-132 ; Bouchemaine, 1128-107 ; Cantenay-Epinard, 735 335 ; Juigné-Béné, 537-70 ; la Meignanne, 903-

(1) Le premier chiffre indique la population totale de la commune, d'après le recensement de 1896 ; le second chiffre est celui de la population agglomérée.

281 ; la Membrolle, 560-369 ; Montreuil-Belfroi, 232-83 ; le Plessis-Macé, 338-163 ; St-Lambert la-Potherie, 475-238.

Eglises : Avrillé, stalles anciennes provenant du prieuré de la Haie-aux-Bonshommes ; Beaucouzé, deux très remarquables tableaux ; le Plessis-Macé, xvie siècle.

Châteaux : Beaucouzé, château de Molière, visité par François Ier ; Montreuil Belfroi ; la Diablerie, logis du xviie siècle, restauré ; Plessis-Macé, château du xvie siècle, visité par Louis XI et Charles VIII, restauré il y a quelque vingt ans et où on admire de magnifiques tapisseries entre autres les *Kermesses,* de Téniers, œuvre des Gobelins ; Saint-Lambert-la Potherie, la Colletterie (xviiie siècle) avec vieux vitraux à la chapelle.

Vestiges antiques : La Meignanne, dolmen de Fessines, peulvan de la Roche ; Saint Lambert-la-Potherie, dolmen de la Colleterie.

Industrie : Avrillé, ardoisières de la *Renaissance.*

Angers *sud-est* (4671 hect) : Andard, 1006-188 ; Brain-sur l'Authion, 1379 335 ; Trélazé, 5839-678.

Eglises : Andard, parties du xie et chaire du xvii^a siècle ; Brain sur-l'Authion, parties du xiie et du xvie siècle.

Châteaux : Andard, le Grand-Launay, le Petit-Launay, avec remarquable cheminée ; Brain-sur-l'Authion, le Rosseau (xviie et xviiie siècles).

Industries : Brain - sur - l'Authion, culture maraîchère ; Trélazé, ardoisières (voir : *Excursions*), manufacture nationale d'allumettes, cueillette du pissenlit.

Chalonnes-sur-Loire (11.198 hect) : Chalonnes, 4470-2166 ; Saint-Aubin-de-Luigné, 1029-349 ; Chaudefonds, 1031-437 ; Denée, 1068-424 ; Rochefort-sur Loire, 1960 962.

Chalonnes est une jolie petite ville, située au milieu d'agréables sites ; on y traverse la Loire sur quatre ponts suspendus reliant les îles de l'Anerie, de la Grande-Ile et du Port-Girault. Ce fut autrefois un centre important de batellerie. Au xviie xviiie siècles, la pharmacie s'y approvisionnait en abondance de vipères.

Eglises : Chalonnes, xiie siècle remaniée depuis 1846, piscine du xve ; Saint-Aubin-de Luigné. église Renaissance, autel du xviiie, pierre tombale de René de la Jumellière (1519).

Châteaux : Saint-Aubin-de-Luigné, ruines de la Basse-

Guerche, presbytère XVIe et XVIIIe siècles avec une très belle cheminée; Rochefort sur-Loire, ruines féodales et vestiges divers.

Industrie : Chalonnes, fours à chaux aux bords du Layon, mines de houille à la Prée, fabrique de liqueurs; Chaudefonds, fours à chaux; Denée, carrières de marbre violet à Vérinelle. Cultures de chanvre dans la vallée et vignobles sur les coteaux.

Eaux minérales : Chalonnes, fontaine de Saint-Maurille, carbonate, magnésie et calcaire; Chaudefonds, fontaine de Sainte Madeleine qui a longtemps passée pour thermale.

En Chalonnes, sous Roc-en-Paille, vers l'embouchure du Layon, a été découvert en 1877, un dépôt d'ossements et de pierres taillées, traces d'une colonie humaine remontant à la période du mammouth.

LE LOUROUX-BÉCONNAIS (25.107 hect.) : Louroux-Béconnais, 2848-808 ; Bécon, 2042-1028 ; la Cornuaille, 1528-402 ; Saint-Augustin-des-Bois, 838-240 ; Saint-Clément-de-la-Place, 1257-426 ; Saint-Sigismond, 593-189 ; Villemoisan, 873-167.

Châteaux : Louroux-Béconnais, enceinte antique des châteaux, château de Chillon (ancien prieuré) où les descendants du général Lamoricière conservent le sabre d'Abd-el-Kader.

A Villemoisan, subsistent les restes d'un prieuré avec chapelle du XVe siècle, et les restes d'une ancienne commanderie l'Hôpital-Béconnais.

Industrie : Louroux-Béconnais, anciennes ardoisières abandonnées ; Bécon, carrières de granit très renommé et très beau, près le Bois-Guignot.

LES PONTS-DE-CÉ (23.068 hect.) : Ponts de-Cé, 3530-1765 ; Blaison, 950-237 ; la Bohalle, 759-42 ; la Daguenière, 885-885 ; Gohier, 200-63 ; Juigné-sur-Loire, 794--249 ; la Ménitré, 1765-431 ; Mozé, 1241-195 ; Mûrs, 1259-84 ; Sainte-Gemmes-sur-Loire, 1984-356 ; Saint-Jean-de-la-Croix, 244-14 ; Saint-Jean-des-Mauvrets, 886-370 ; Saint-Mathurin, 2070-526 ; Saint-Melaine, 402-98 ; Saint-Rémy-la-Varenne, 870-316 ; Saint Saturnin, 711-146 ; Saint-Sulpice, 230 165 ; Soulaines, 550-111.

Pour la jolie ville des Ponts-de-Cé, voir les détails aux *Excursions*.

Églises : Blaison, église remarquable des XIIe et XVe siècle;

renfermant 40 belles stalles ; Juigné sur-Loire, chœur du XIIe siècle, belles statues tombales au cimetière ; Mozé, belles stalles en bois ; Sainte-Gemmes-sur-Loire, chœur du XIIe siècle ; Saint-Jean-des Mauvrets, chapelle de Notre-Dame-de-Lorette ; Saint-Rémy-la-Varenne, roman de transition, au presbytère remarquable, petite chapelle du XIIe siècle ; Saint-Saturnin, la cure est un ancien prieuré, restauré avec chapelle du XVe siècle ; Mûrs, ancienne église d'Erigné.

Châteaux : Blaison, manoir du XVIe siècle, non loin d'une motte arrondie qui portait le château primitif, dont la seigneurie appartint à Gilles de Retz ; la Ménitré, ruines d'un manoir du roi René, visité par Charles VIII avec belles cheminées.

A Saint-Rémy-la-Varenne, subsistent les ruines d'un prieuré bénédictin où le roi Philippe de Valois séjourna en août 1329. — A Sainte-Gemmes-sur-Loire, Florian et Marmontel, vinrent visiter Baudard de Vaudésir.

A Sainte-Gemmes, est installé l'asile départemental d'aliénés, inauguré le 17 janvier 1844, agrandi depuis cette époque. Les pensionnnaires y sont au nombre de 900 à 100 individus des deux sexes. Le personnel comprend : un directeur, un médecin adjoint, deux·internes, un aumônier, un économe, un receveur, un secrétaire du directeur, 25 religieuses de Sainte-Marie-la-Forêt, un surveillant général, un surveillant des travaux et une cinquantaine de gardiens. Des ateliers fonctionnent pour les déments qui s'y occupent aux travaux de menuiserie, cordonnerie, charpente, forges ; d'autres sont employés aux travaux agricoles.

L'industrie : L'industrie agricole et horticole est tout particulièrement active dans ce canton. On y trouve des vins déjà réputés, ceux de Mozé, Soulaines, Saint Saturnin ; à Juigné, le pont était jadis l'embarcadère principal des vins de la rive gauche. Les chanvres de la vallée trouve un terrain de culture extraordinaire, notamment vers la Bohalle et Saint-Mathurin, où ils atteignent jusqu'à 3 et 4 mètres de hauteur. A la Daguenière, la Ménitré, les cultures maraîchères sont très productives ; les prairies fournissent des quantités extraordinaires de pissenlits qui, l'hiver, font l'objet d'un commerce spécial. La pêche et· la batellerie entretiennent aussi quelques ménages.

Les paysages sont admirables : citons notamment les buttes de Gohier et celles de Saint-Saturnin ; dans cette dernière localité, d'une tour qui surmonte un coteau, on découvre un horizon de 40 kilomètres et près de 80 clochers.

Aux Châteliers, territoire de Mûrs, vestiges gallo-romains.

SAINT-GEORGES-SUR-LOIRE (18.701 hect.) : Saint-Georges-sur-Loire, 2354-1025 ; Béhuard, 176-109 ; Champtocé, 1736-584 ; Ingrandes, 1180-770 ; la Possonnière, 1529-683 ; Saint-Germain-des-Prés, 1215-249 ; Saint-Jean-de-Linières, 336-15 ; Saint-Léger-des-Bois, 622-95 ; Saint-Martin-du-Fouilloux, 769-103 ; Savennières, 1254-566.

Saint-Georges mérite une excursion particulière, non pas tant pour le bourg dévalant en pente douce le coteau qui descend à la Loire, que pour son très artistique château de Serrant. Dans ce manoir des XVIᵉ, XVIIᵉ et XVIIIᵉ siècles est groupée une collection magnifique de peintures, sculptures et objets d'art, dont quelques-uns sont de pures merveilles.

A Saint-Germain-des-Prés, une curieuse épave — la colonne de pierre surmontée autrefois de l'aigle impérial qui rappelait sur la route d'Ingrandes, le passage de Napoléon III (1856) — vendue avec les grilles d'enceinte par le Domaine, a été transformée en cippe funéraire et, surmontée aujourd'hui d'une urne funéraire, figure sur une tombe, au cimetière.

Eglises : Béhuard, voir aux *Excursions* ; la Possonnière, chapelle de Saint-René XVᵉ siècle ; Saint-Germain-des-Prés, chemin de croix de Ferdinand Dubois, élève de Delacroix, terminé par Magu, fils du tisserand-poète ; Savennières, église des IXᵉ-Xᵉ-XIIᵉ-XVᵉ siècles, monument historique, et église d'Epiré avec de curieux objets d'art.

Châteaux : Champtocé, ruines importantes d'un château de Gilles de Retz et le château du Lancrau avec belle chapelle du XVᵉ siècle ; la Possonnière, débris du château-fort de la Roche Serrant.

Industries : Une magnanerie existait naguère au château de Serrant ; la petite ville d'Ingrandes, qui appartient moitié au Maine-et-Loire et à la Loire-Inférieure, fut le siège au XVIIIᵉ siècle de la verrerie royale ; à Saint Léger-des Bois, on trouve des traces d'exploitation antique de forges de fer. De tous temps ont été célébrés les grands crus de Savennières, notamment la Roche-aux Moines et la Coulée de Serrant.

Thouarcé (31.326 hect.) : Thouarcé, 1527-559 ; les Alleuds, 492-223 ; Beaulieu, 1006-663 ; Brissac, 946-943 ; le Champ, 862-342 ; Chanzeaux, 1320-325 ; Charzé, 450-26 ; Chavagnes ; 868-349 ; Faveraye-Mâchelles, 798-429 ; Faye, 1132-250 ; Gonnord, 139 4562 ; Joué-Etiau, 919-345 ; Luigné, 449-29 ; Notre-Dame-d'Allençon, 432-125 ; Quincé, 707-

Château de Brissac

420 ; Saint-Ellier, 209-209 ; Saint-Lambert du-Lattay, 1271-632 ; Saulgé l'Hôpital, 394 64 ; Vauchrétien, 809 200.

Eglises : Beaulieu, chœur du xiie siècle, belle chaire en bois sculpté du xvie siècle ; Chanzeaux, curieux détails et objets d'art ; Faveraye, xiie-xve siècles ; Joué-Etiau, clocher, reliquaire du xvie siècle ; Notre-Dame d'Allençon, xiie siècle ; Quincé, ruines.

Châteaux : Brissac, comme le château de Serrant, le château de Brissac, qui contient également, de magnifiques collections artistiques, mérite une excursion particulière ; le Champ, restes de la Souvardaine ; Chanzeaux, la grille d'honneur fermait jusqu'en 1789 le Palais des Marchands d'Angers ; Gonnord, restes d'un château des xve-xviie siècle, qui fut visité par Charles IX ; Luigné, ruines d'un vieux manoir avec chapelle du XIIᵉ siècle, restes d'une commanderie du XVᵉ ; Notre-Dame d'Allençon, manoir de la Mare, belles cheminées.

Vestiges antiques : Beaulieu, domaine de Montberrault ; Charcé, sur la métairie de Beaupréau dolmen doublé, pulvan, débris celtiques ; Chavagnes, en 1836, un trésor romain fut découvert aux Châtres ; St-Ellier, un cimetière celtique fut découvert aux Quinze-Deniers.

Industrie : La houille et la chaux se trouvent dans le pays qui exploite plus particulièrement les vins. Dans le canton de Thouarcé sont plusieurs crus des plus renommés d'Anjou : Faye, Beaulieu (Plus il est vieux, plus il est fameux), Saint-Lambert (Plus il vieillit, plus il se perd), Thouarcé, tous les coteaux du Layon.

TIERCÉ (15.274 hect.) : Tiercé, 2025-655 ; Briollay, 756-270 ; Cheffes, 1119 627 ; Ecuillé, 512-152 ; Feneu, 1342 561 ; Montreuil-sur-Loir, 290-108 ; Soucelles, 796 226 ; Soulaire-et-Bourg, 994 145.

Le chef lieu était avant 1875 à Briollay.

Eglises : Briollay, près de la porte, curieuse plinthe sculptée du XIᵉ siècle ; Cheffes, clocher du XIIIᵉ ; Tiercé, belle église moderne.

Châteaux : A Ecuillé, celui du Plessis-Bourré bâti par Jean Bourré, ministre des finances sous- Louis XI, est accédé par un pont de sept arches et renferme des curieuses peintures du XVᵉ siècle ; Feneu, châteaux de Saubré et de Montriou ; Soulaire-et Bourg, le Bois, XVIIIᵉ siècle, renferme de beaux objets d'art ; Tiercé, château de Cimbré.

Vestiges antiques : Soucelles, dolmen de la Pierre-Césée, fendu par la foudre. Les oies rouges de Cheffes étaient autrefois proverbiales en Anjou.

Arrondissement de Baugé. — 6 cantons, 67 communes, 70.607 habitants, 141.466 hectares.

La ville de Baugé n'offre que peu de curiosités à visiter. — Le château bâti par le bon roi René, se trouve réduit à une aile de l'ancienne résidence princière, mais présente encore un aspect important. Il sert aujourd'hui de mairie, de théâtre et de gendarmerie. Très remarquable est le grand escalier à encorbellement en feuille de palmier.

A l'hôpital, construit en 1650, par Mlle de Melun, superbe collection de faïences admirablement conservées : c'est la pharmacie d'il y a plus de deux siècles, restée intacte. — Quelques jolis bocaux peuvent intéresser les amateurs de céramique qui ne regretteront pas leur visite à l'hôpital.

A de petites distances de la ville, plusieurs monuments mégalithiques méritent d'être cités : c'est d'abord, à gauche de la route de Pontigné, à 2 kilomètres de la ville, un magnifique dolmen à deux compartiments, on le découvre facilement de la route. Ce sont ensuite, dans la petite forêt, deux peulvans, les pierres du coq et de la poule — qui, dit la légende, tournent la nuit de Noël, quand elles *entendent* le coq chanter.

Mais la vraie attraction que peut offrir Baugé au touriste, c'est la forêt domaniale de Chandelais, située à 3 kilomètres de la ville, et à quelques pas de la gare de Pontigné (Ch. de l'Anjou). — Les amateurs de frais ombrages, de beaux arbres, de sous-bois touffus et de points de vue pittoresques peuvent y passer une excellente après-midi.

Deux journaux sont publiés, concernant l'arrondissement de Baugé : le *Journal de Baugé,* sans politique ; et le *Petit Baugeois,* d'un tirage relativement élevé, organe de la concentration républicaine dans l'arrondissement.

BAUGÉ (26.810 hect.) : Baugé, 3344-3029 ; Bocé, 788 99 ; Chartrené, 199 46 ; Cheviré-le-Rouge, 1503 428 ; Clefs, 1166-470 ; Cuon, 675-197 ; Echemiré, 728 226 ; Fougeré, 1296-334 ; le Guédéniau, 683-212 : Montpollin, 182-24 ; Pontigné, 537-90 ; Saint-Martin-d'Arcé, 312-28 ; Saint-Quentin-lès-Beaurepaire, 311-90 ; Vieil Baugé, 1430-285 ; Volandry, 688-190.

Églises : Cuon, église romaine, curieuse avec remarquable clocher ornementé du XIIe siècle ; Fougeré, église du XIIIe siècle, remaniée ; Pontigné, église remarquable du XIIe siècle, avec curieuses peintures du temps et une épitaphe en vers du XVIIe siècle ; église des XI-XIIIe siècle ; curieuse Piéta et belle vierge ; Montpollin, au cimetière, curieuse croix de pierre du XVe siècle.

Châteaux : Bocé, château de Parpacé, XV-XVI-XVIIe sièlce, avec cheminée et collections remarquables ; Vieil-Baugé, château renaissance de Landifer ; Volandry, château de Turhilly.

Vestiges antiques : Guon, peulvan de Pierres-Frites, curieuse butte du Mont Jules ; Echemiré, peulvan de la Pierre-du-Coq, restes d'un prieuré des XII-XIVᵉ siècle ; c'est ici, croit-on, la villa *Scameratum*, où firent étape les moines de Saint-Maur en fuite avec le corps de leur patron ; Pontigné, beau dolmen de Pierre-Couverte ; Saint-Martin-d'Arcé, peulvan de Pierres-Frites.

Industrie : Une distillerie fonctionne à Clefs, ainsi qu'une laiterie modèle, où l'on fabrique le beurre ; l'exploitation du grès et du tuffeau existe dans une partie du canton ; notamment à Vieil-Baugé, Bocé, Guédéniau ; on trouve aussi quelques fours à chaux.

Quelques beaux sites sont à signaler, notamment Cheviré le-Rouge, au centre d'une chaîne de collines entrecoupées de hautes buttes, et, au Guédéniau, les curieuses caves de Chanzelles en forêt de Chandelais, où l'on peut faire étape et déjeuner.

Beaufort-en-Vallée (15.214 hect.) : Beaufort, 4278 2182 ; Brion, 1517 363 ; Corné, 1772-806 ; Fontaine-Guérin, 1091-307 ; Gée, 334-63 ; Mazé, 3071 672 ; Saint Georges du-Bois, 538 99.

Beaufort en-Vallée, « petite ville assez jolie » — comme disait déjà Chopin au XVIIᵉ siècle — vaut une visite. Le séjour de Jeanne de Laval, qui y mourut au château en 1498 et du roi René n'a pas peu contribué à faire de cette agglomération un centre important, au milieu d'un pays d'ailleurs riche et productif. La ville bâtie en plaine, est proprette et bien à l'œil. De jolis monuments : l'église spacieuse, date des XVᵉ-XVIᶜ siècles, avec clocher, œuvre en partie de Jean de Lépine. L'hôpital fondé au XVᵉ siècle renferme de précieux portraits. Une statue de Jeanne de Laval s'élève sur la place. Plusieurs logis très curieux, parmi lesquels celui de Jean Chardavoine, poète-musicien beaufortais du XVIᵉ siècle. Ruines d'un château des XIᵉ-XIIIᵉ-XIVᵉ-XVᵉ siècle ; château de la Blinière (XIVᵉ-XVIIᵉ-XVIIᵉ siècles) ; château de Monet. Restes du prieuré d'Avrillé XIVᵉ-XVᵉ siècle. — Un temple protestant, qui subsiste encore, et une loge maçonnique ont fonctionné jusqu'à la Révolution. — Le collège communal qui a été maintenu, fut créé en 1577 par délibération des habitants.

Eglises : Brion, belle église romane restaurée, restes

d'une chapelle du xiie siècle à Soles; Fontaine-Guérin, église des xiie-xv[s]-xviiie siècles avec sculptures et bas-reliefs; Gée, xiie siècle; Saint-Georges-du-Bois, xiie siècle.

Châteaux : Saint-Georges-du-Bois, château de la Roche-Abilen; Mazé, château de Montgeoffroy (1775), bâti par le maréchal de Contades, dont le tombeau s'élève dans la chapelle xvie siècle, précieux tableaux et objets d'art.

Le sire Guérin des Fontaines, le héros du Vieil-Baugé (voir : *Notice historique*) a sa statue à Fontaine-Guérin depuis 1895.

Vestiges antiques : Fontaine-Guérin, dolmens de la Tour-du-Pin et de la Rangeardière.

Industrie : La culture du lin et du chanvre et la culture maraîchère font la prospérité de ce riche pays. Gée était réputé à Paris, en 1880, pour ses envois de pommes de reinette. Mazé et Corné fournissent en abondance des légumes d'une grosseur et d'une venue prodigieuses; les melons brodés de Mazé ont une réputation. Rappelons que la première fabrique de toiles à voiles fut fondée à Beaufort au xvie siècle. On exploite aussi dans le canton des caves de tuffeau, notamment à Brion et à Saint Georges-du Bois, où l'on montre les curieuses caves de Saint-Sicot.

DURTAL (21.323 hect.) : Durtal, 3065-1348; Baracé, 625-346); Daumeray, 1502-327; Etriché, 1110 387; Huillé, 610-304. Montigné, 493-129; Morannes, 2274-958; les Rairies, 987 777.

La ville et ses faubourgs serpentent en deux ou trois longues rues peuplées encore de logis des xvie et xviie siècles sur la pente du coteau ou le long des rives du Loir. Le puissant château des Schomberg, xvie-xviie siècles, domine la ville de sa masse imposante. Vieux ponts de cinq arches (1750) sur le Loir; pont de deux arches gothiques (xvie siècle) sur le ruisseau d'Argance. Dans l'église, parties du xiie siècle; l'église de Gouis a des parties du xie et du xiie siècle. La secte de la Petite-Eglise, qui répudiait le Concordat de 1802, s'est là conservée intacte jusqu'à ces derniers temps.

Eglises : Daumeray, restes d'un prieuré de Saint-Martin, xie-xiie siècles ; Montigné, dans le cimetière plusieurs tombes du xviie siècle; Morannes, église du xiie siècle, vieux prieuré de Juigné.

Châteaux : Huillé, manoir des XIIIe-XIVe-XVIIIe siècles, renfermant d'intéressants objets d'art ; Etriché, Plessis-Cheviré château du XVIe siècle avec jolie chapelle. (Le 5 janvier 1645, un Plessis Cheviré se fit tuer dans un duel, que Tallemant appelle « un des plus beaux combats de la Régence ».)

En janvier 1795, le fameux chef de chouans Monsieur Jacques fut blessé mortellement à Daumeray.

Industrie : D'importantes papeteries fonctionnent à Gouis, en Durtal ; aux Rairies, très importantes tuileries et fabriques de chaussures ; l'élevage du porc se pratique en grand dans presque tout le canton. A Durtal existaient jadis des coutelleries d'une certaine importance.

LONGUÉ (26.758 hect.) : Longué, 4227-1960 ; Blou, 1086-228 ; Courléon, 399-123 ; Jumelles, 1490-208 ; la Lande-Chasles, 225-34 ; Mouliherne, 1732-456 ; Saint-Philbert-du-Peuple, 896-136 ; Vernantes, 1951-792 ; Vernoil-le-Fourrier, 1625 522.

Eglises : Blou, curieuse église des X-XII-XVe siècle, clocher du XIIIe siècle, tableau du XVIIe siècle, boiseries sculptées du XVIIIe siècle ; Jumelles, église du XIe siècle, avec stalles anciennes et autel du XVIIIe siècle ; Mouliherne, église des XI-XIIe siècle, classée parmi les monuments historiques ; Vernantes, vieille église avec un admirable clocher du XIIe siècle, ruines de l'abbaye cistercienne du Louroux, fondée par Foulques le Jeune, en 1121 ; Vernoil, église du XIIe siècle, remarquable, avec une crypte et différents objets d'art.

Châteaux : Longué, châteaux des Montils (XVe siècle), d'Avoir (renaissance), de la Cirottière (XVe siècle) ; Mouliherne, château de la Touche (XVIe siècle), manoir épiscopal du Val (XI-XVIe siècle) ; Vernoil, vieux logis du Poligné.

Industrie : L'élevage des sangsues, qui fonctionnait en grand, est à peu près disparu. Quelques carrières à tuffeau à Blou, commerce de vaches, porcs, chanvres, bois, etc.

NOYANT (30,476 hect.) : Noyant, 1591-686 ; Auverse, 922-290 ; Breil, 585 202 ; Broc, 734-225 ; Chalonnes-sous-le-Lude, 359-118 ; Chavaignes, 261-80 ; Chigné, 677-167 ; Dézéne-sous-le-Lude, 553-123 ; Genneteil, 823-289 ; Lasse, 727-230 ; Linières-Bouton, 250-58 ; Meigné-le-Vicomte, 767-173 ; Méon, 514-101 ; Parçay, 1455 329 ; la Pellerine, 204-90.

Eglises : Breil, nef du XIIe siècle, clocher du XIIIe siècle, reliquaire du XIIIe siècle; Chigné, XII XIVe siècle, belles statues ; Dénezé-sous-le-Lude, église des XII-XIII-XIVe siècle, ruines de l'abbaye de la Boissière ; Genneteil, curieux portail du XIe siècle; Linières-Bouton, dans la vieille église est conservé un rare ciboire, en forme de crosse abbatiale, qui servait avant l'usage des tabernacles à suspendre la *piscis* eucharistique ; Méon, beau tabernacle octogone (1632) ; la Pellerine, église des XI-XVe siècle.

Châteaux : Auverse, château de la Blanchardière (XVIe siècle), vieux logis d'Auversette, château du Frêne (1770), avec chapelle des XVX-VIe siècle (là naquit ce Charnacé, dont les bons tours sont connus, et entre autres l'histoire de la maison du tailleur qui, gênant la vue du château, fut transportée et reconstruite à distance meilleure pendant que notre homme, employé au château, était occupé d'arrache-pied jour et nuit à son ouvrage) ; — Chavaignes, château de Launay-Baffer, dont les dépendances enveloppent le bourg tout entier ; Dénezé-sous-le-Lude, ruines et chapelle de Launay-de Gennes ; Lasse, manoir de la Cour-de-Lasse (XVIe siècle), manoir de Poisieux (XVIe siècle), château du Bouchet.

Industrie : L'élevage des bestiaux, notamment du porc, y entretient l'aisance. Quelques poteries ; exploitation de tuffeau, de fours à chaux.

SEICHES (20.885 hect.) : Seiches, 1396-844 ; Bauné, 890-169 ; Beauveau, 333-134 ; la Chapelle-Saint-Laud, 517-68 ; Chaumont, 362 81 ; Cornillé, 502 256 ; Corné, 1325 261 ; Fontaine-Milon, 464-205 ; Jarzé, 1708-606 ; Lézigné, 469-196 ; Lué, 321-120 ; Marcé, 808 294 ; Sermaise, 350 144.

Seiches n'offre d'intéressant, au bourg principal, que son église où subsiste un beau vitrail de 1509. Le principal centre de vie est le bourg de Suette. Mathefelon est un village très pittoresque. Au Verger, les restes d'un vieux prieuré et d'un château qui était autrefois le plus vaste et le plus beau de tout l'Anjou, et où s'arrêtèrent Charles VIII, Charles IX, Henri IV, Louis XIII, Marie de Médicis, nombre de ducs, de princes et de personnages. A l'Hommais, petites sources incrustantes.

Eglises : Bauné, dans l'église, divers vieux objets; Chaumont, belle inscription en vers français du XVe siècle;

Corzé, très artistique toile du XVIIe siècle; Fontaine-Milon, piscine du XVIe siècle; Jarzé, église du XVe-XVIe siècle, avec épitaphe du XVIe siècle, douze stalles et des boiseries sculptées du XVIIe siècle, chapelle du XVIe siècle dans le cimetière, restes du prieuré du Bois, fondé par St Girard; Lézigné, autel en rétable du XVIIIe siècle; Lué, très vieille église, dans le cimetière, curieuse croix du XVIIIe siècle; Sermaise, parties du XIIe siècle, tableau du XVIIIe siècle.

Châteaux : Fontaine-Milon, château du Châtelet (XVIe siècle), avec salon décoré par David père, où l'on conserve quelques œuvres de toute première jeunesse de David d'Angers; Jarzé, château bâti par Jean Bourré.

TABLE DES MATIÈRES

TABLE ALPHABÉTIQUE

A

B

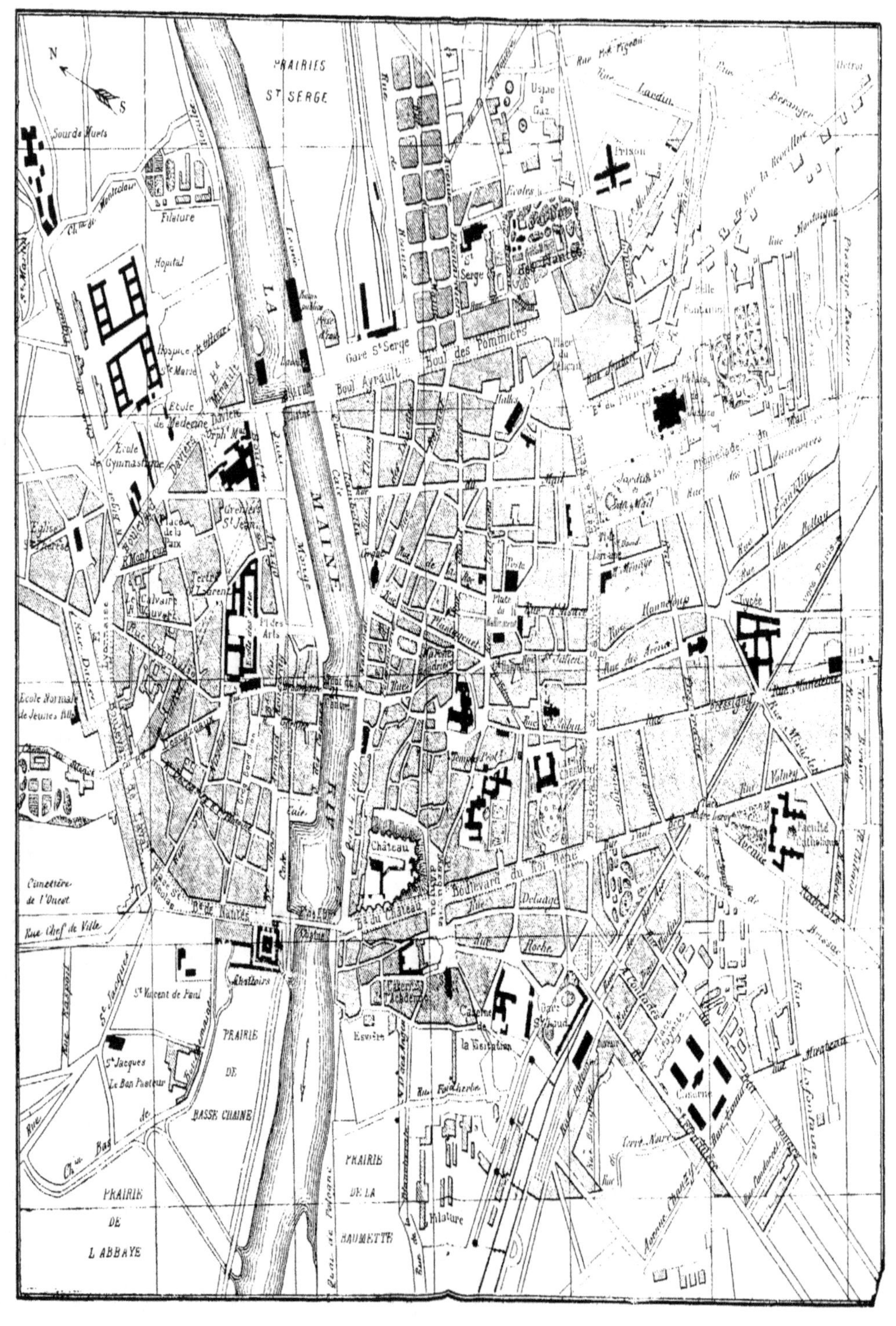

N
S
PRAIRIES St SERGE
Sourds Muets
Filature
Hôpital
Hospice St Serge
Gare St Serge
Boul des Pommiers
Boul Ayrault
Château
Cimetière de l'Ouest
Rue Chef de Ville
Abattoirs
St Vincent de Paul
St Jacques
Le Bon Pasteur
PRAIRIE DE BASSE CHAINE
PRAIRIE DE L'ABBAYE
PRAIRIE DE LA BAUMETTE
Filature
Usine à Gaz
Prison
Écoles
LA MAINE
École de Médecine
École de Gymnastique
Ecole Normale de Jeunes filles